NOTICE

SUR LA

VILLE DE SEGRÉ

ET SON ARRONDISSEMENT

PAR

E. MILON

JUGE DE PAIX DU CANTON DE SEGRÉ, OFFICIER D'ACADÉMIE

PRIX : **1** fr. **25** centimes.

EN VENTE

AU PROFIT DES ENFANTS PAUVRES DES ÉCOLES COMMUNALES
DE LA VILLE DE SEGRÉ

Dans toutes les librairies de l'Arrondissement,
et chez M. MILON, Fils, à SAUMUR.

1889

NOTICE

SUR LA

VILLE DE SEGRÉ

ET SON ARRONDISSEMENT

PUBLICATIONS DU MÊME AUTEUR :

Guide pittoresque et illustré du voyageur dans Saumur et ses environs.

Carte routière des environs de Saumur, au $\frac{40}{1.000}$ avec courbes.

NOTICE

SUR LA

VILLE DE SEGRÉ

ET SON ARRONDISSEMENT

PAR

E. MILON

JUGE DE PAIX DU CANTON DE SEGRÉ, OFFICIER D'ACADÉMIE

PRIX : **1** fr. **25** centimes.

EN VENTE

AU PROFIT DES ENFANTS PAUVRES DES ÉCOLES COMMUNALES
DE SEGRÉ

Dans toutes les librairies de l'Arrondissement,
ET CHEZ M. MILON, FILS, A SAUMUR.

—

1889

Ce département est fertile en céréales, chanvre, lin, fruits et légumes ; il produit des vins (rouge et blanc) très estimés ; ses pâturages sont excellents, et de nombreuses carrières de houille, ardoises, marbre, granit, pierre de taille, pierre à chaux, y sont en pleine exploitation. Son commerce en toiles, cordages, tissus de cotons, linge de table : mouchoirs dits *de Cholet*, est très animé.

ANGERS, cette vieille capitale des *Andes*, érigée en cité après la conquête romaine, sous le nom de *Julio-Magnus* (Bourg de Jules), prit, sous les Francs, le nom de la peuplade qui l'occupait (*Andecavi*), dont la langue moderne a fait Angers. Bâtie en amphithéâtre, sur le penchant d'un côteau qui s'abaisse sur le bord de la Maine, Angers est une des plus curieuses villes de France. Aucune, peut-être, depuis moins d'un demi-siècle, n'a subi de plus grands changements : elle s'est complètement métamorphosée. Sa population était au dernier recensement (1886), de 68,049 habitants, et sa distance de Paris est de 306 kilomètres par le chemin de fer de l'Ouest, et de 339 kilomètres par la ligne d'Orléans.

Angers possède préfecture, cour d'appel,

tribunal civil et tribunal de commerce; lycée; écoles normales d'instituteurs et d'institutrices; école d'arts-et-métiers; école de médecine et de pharmacie; école gratuite de dessin; cours de sciences appliquées; société d'agriculture, sciences et arts; de nombreux établisssments d'instruction, tant secondaire que primaire; évéché; grand et petit séminaire; université catholique; société industrielle; magnifique jardin botanique; deux remarquables musées de peinture, de sculpture et d'archéologie; une très riche bibliothèque, composée de plus de 40,000 volumes; institution de sourds-muets; dépôt de remonte; mont-de-piété; haras; casernes de cavalerie; de pontonniers et d'infanterie; temples protestants, marchés couverts, etc., etc.

Ses principaux monuments sont : sa belle cathédrale (xie siècle), sous le vocable de saint Maurice; le palais épiscopal (*Capitole angevin*); le Château (élevé par saint Louis); la tour Saint-Aubin, (xie et xiie siècle); la préfecture (cloître Saint-Aubin); l'hôtel de ville; le théâtre; l'hôtel Pincé (xvie siècle); le palais de justice; l'hôtel des postes et des

télégraphes ; les églises de la Trinité, de
Saint-Joseph et de Saint-Serge ; l'ancien
Hôtel-Dieu (musée Saint-Jean) ; les hospices ;
les trois ponts, etc., etc.

C'est la patrie de Ménage, de Bodin, de
David, dit *David-d'Angers*.

Ses promenades, qui en font une ville
exceptionnelle, sont : ses magnifiques boulevards, qui lui servent de ceinture ; le jardin
de la préfecture ; le jardin des plantes ; son
beau mail, magnifique plantation de grands
arbres formant avenues en boulingrins, et
comprenant un splendide jardin qui en fait
le plus bel ornement.

Dans cette partie de la ville, comme dans
celles qui avoisinent le théâtre, se trouvent
de très nombreuses constructions modernes
que dépassent à peine en magnificence les
plus beaux hôtels des boulevards de Paris.

ARRONDISSEMENT DE SEGRÉ

En 1790, la France fut divisée en départements, les départements en districts, et les districts en cantons. Le district dont Segré était le chef-lieu comprenait les dix cantons de : Bouillé-Menard, Candé, Challain, Combrée, la Ferrière, le Lion-d'Angers, Saint-Martin-du-Bois, Pouancé, Segré et Vern.

En 1795, les districts furent supprimés ; en 1800, les arrondissements de sous-préfectures furent constitués, et les cantons réduits. L'arrondissement actuel de Segré fut alors composé du district de Segré, tout entier, et d'une partie de celui de Châteauneuf. Il est borné au nord par le département de la Mayenne, à l'ouest par les départements de la Loire-Inférieure et de l'Ille-et-Vilaine, au sud par l'arrondissement d'Angers, et à l'est par les arrondissements d'Angers et de

Baugé. Sa superficie est de 116,239 hectares;
sa population est de 62,813 habitants et sa
hauteur moyenne, au-dessus du niveau de la
mer, est de 57 mètres. Son sous-sol est schis-
teux et graniteux; son aspect bocageux; et
son sol pittoresque et accidenté.

A chaque détour des belles routes qui le
sillonnent en tous sens, s'ouvrent des échap-
pées de vues par lesquelles le regard plonge
sur des sites imprévus tous plus ravissants
les uns que les autres. Du haut de ses colli-
nes, la vue embrasse de larges et magnifiques
horizons, entrecoupés de vallons, parsemés
de fermes, de villages et de châteaux. En bas,
coulent, entre des rives garnies, tantôt de
saules et de peupliers, tantôt de rochers aux
crêtes couronnées de châtaigners et de cou-
driers, les eaux calmes et limpides de l'Oudon
et de ses nombreux affluents : la Verzée,
l'Argos, la Sazée, l'Araise, etc., dans la partie
ouest ; de la Mayenne et de la Sarthe dans la
partie est. Partout, enfin, l'œil se repose sur
de douces lignes, de frais encadrements, une
poésie gracieuse, quelque chose qui berce
l'âme et porte à la contemplation et au re-
cueillement !

De même que les monuments celtiques et les débris Gaulois que l'on y rencontre témoignent du séjour prolongé qu'y ont fait les peuplades antiques, de même les restes imposants des abbayes et des seigneuries du moyen âge attestent de la puissante autorité qu'y possédaient alors la noblesse et le clergé.

A cause, sans doute, de sa situation sur les confins de l'Anjou et de la Bretagne, la contrée qui forme aujourd'hui l'arrondissement de Segré, a eu tout particulièrement à souffrir des guerres de toutes sortes qui, pendant de longs siècles, ont affligé notre pays. Les Bretons, les Anglais, la Ligue, la Fronde, la Chouannerie, l'ont tour à tour pillée, incendiée, ruinée !!!

La richesse de ce pays, essentiellement agricole, consiste en blés qui y sont abondants et estimés, et en céréales de toutes sortes, ainsi qu'en cidre, fruits, bois, châtaignes, noix, chanvre, lin, volailles, œufs, beurre, etc. La vigne qui y est cultivée sur plusieurs de ses points, et notamment sur les cantons de Châteauneuf, du Lion-d'Angers et de Candé, donne des produits rénuméra-

tours et appréciés. L'élevage des bestiaux
qui, grâce à ses excellents fourrages et à ses
nombreux pâturages, y a pris dans ces derniers temps, une extension considérable, est
devenue la principale ressource des pro-
priétaires et des fermiers de la contrée.

Son industrie, favorisée par les quatre
lignes ferrées qui le traversent du nord au
sud et de l'est à l'ouest, réside tout particulièrement dans l'exploitation de nombreuses
carrières d'ardoise, de calcaires pour fours à
chaux, et de granit pour constructions. On y
rencontre aussi des tuileries, des briqueteries,
des tanneries et de nombreuses et importantes minoteries.

L'exploitation du minerai de fer, qui y formait une industrie considérable, dès les premiers temps du moyen âge, ainsi que
l'attestent les nombreux amas de scories qui
se rencontrent sur nombre de ses points, a
été depuis longtemps abandonnée. De nombreux essais ont été tentés, même au cours
de ces dernières années ; de nombreuses
concessions ont été accordées ; et bien que le
minerai ait été partout jugé de bonne qualité,
l'exploitation en a de nouveau été délaissée.

Ces idées générales établies, je passerai en
revue chacune des communes de l'arrondissement et, conformément au programme que
je me suis tracé, je m'arrêterai brièvement
sur tous les faits que le temps et l'histoire
auront consacrés.

CANTON DE SEGRÉ

Le canton de Segré, formé de tout ou partie des anciens comtés de la *Blanchaie* et de la *Bigeotière*, ainsi que des baronnies de *Segré* et de *Mortiercrolle*, est borné au nord par le département de la Mayenne, et par les cantons de Pouancé à l'ouest, de Candé au sud, et du Lion-d'Angers à l'est. Il est arrosé par l'Oudon qui le traverse du nord-ouest au sud-est, et par les ruisseaux la Verzée, l'Argos, l'Araise, la Sazée qui le grossissent. Sa superficie est de 24,161 hectares ; sa population de 14,214 habitants ; et son altitude moyenne de 53 mètres. Le point culminant est au plateau de Châtelais (99 mètres). Il comprend quinze communes, dont le chef-lieu, et : Aviré, Bourg-d'Iré, la Chapelle-sur-Oudon, Châtelais, la Ferrière, Sainte-Gemmes-d'Andigné, l'Hôtellerie-de-Flée, Louvaines-et-la-Jaillette, Marans, Saint-

Martin-du-Bois, Montguillon, Noyant-la-
Gravoyère, Nyoiseau et Saint-Sauveur-de-
Flée.

SEGRÉ, *Castellum Secretum*, en 1070, et
Castrum Segretum en 1105, chef-lieu de
district de 1790 à 1795, est depuis 1800 le
chef-lieu de l'arrondissement du même nom.

Cette petite ville, coquettement assise sur
les rives vertes et fleuries de la Verzée et de
l'Oudon qui y devient navigable est, par
chemin de fer, à 38 kilomètres d'Angers, et
à 314 de Paris. Sa latitude septentrionale est
de 47°41'14" ; sa longitude occidentale de
3°12'35", et son altitude est de 65 mètres. Elle
a une superficie de 2,200 hectares, et une
population de 3,414 habitants.

L'origine de Segré n'est qu'imparfaitement
connue, mais il est hors de doute néanmoins
que son *castrum* n'est point postérieur au
x° siècle de notre ère, puisqu'au xi° siècle,
il est fait mention du *château neuf* et du
vieux château.

Le château neuf, qui remplaça le castrum,
fut élevé sur la plus haute crête de la côte
qui, vers ouest, abrite la ville ; sur ce point

culminant et magnifique qui domine l'Oudon
et tout le pays d'alentour. Il en reste encore,
sous forme de labyrinthe de verdure, la puissante *Motte* du donjon féodal disparu ; et au
dessous, vers sud, sur les bords de la rivière,
l'antique moulin dit : de *Sous la tour*. L'enceinte fortifiée qui le protégeait, embrassait
alors les deux rives de l'Oudon, c'est-à-dire
la ville entière. On voit encore à l'angle nord-
ouest de la place Grignon, à l'extrémité nord-
est de l'église de la Madeleine, ainsi qu'à
l'entrée nord-est de la rue des Roquettes
quelques pans de murs qui en dépendaient,
et dont l'épaisseur est d'environ trois mètres.

C'est sur l'emplacement qu'occupait le
château que M. de Falloux a fondé, avec le
produit de ses ouvrages sur la vie et les
œuvres de *M*me *Swetchine*, un hospice qui
porte le nom de cette femme de talent et de
mérite. L'église Saint-Joseph, dont l'élégant
clocher gothique s'élève si majestueusement
dans les airs, a remplacé, en 1860, la vieille
église *Saint-Sauveur* qu'Albert de Segré
avait donnée au XIe siècle aux moines de
Saint-Nicolas d'Angers; elle sert aujourd'hui
de chapelle à l'hospice. Entre l'hospice et la

chapelle, existe un petit sentier, dont la propriété contestée a été, en 1875, l'objet de l'excommunication de M. de Falloux, par Mgr Freppel, le fougueux évêque d'Angers.

Non loin de Saint-Sauveur s'établit, au xve siècle la *Commanderie du Temple*, avec chapelle *Saint-Jean*, dont le souvenir s'est perpétué jusqu'à nos jours, dans les noms de « *Saint-Jean* et *Hauts-Saint-Jean* » que portent encore les rues du quartier qui l'avoisinait ; et dans celui aussi du *Temple* que porte la maison qui sert aujourd'hui de gendarmerie à pied, et qui paraît avoir été élevée sur les dépendances de l'ancienne commanderie. Au bas de cette même colline, mais sur le territoire de la Chapelle-sur-Oudon, était l'*Aumônerie de Saint-Pierre*, avec chapelle du nom, et dont il ne reste plus de trace.

Sur la crête de la côte opposée, et tout en face Saint-Jean, se trouvait au xie siècle, mais en *dedans* de l'enceinte, ainsi que l'attestent le pan de mur qui en reste encore, aussi bien que les fondations de la partie détruite, et non en *dehors*, comme quelques auteurs l'ont écrit, l'église de la *Madeleine* qui fut donnée,

en même temps que celle de Saint-Aubin-
du-Pavoil, à l'abbaye de Nyoiseau, par le
seigneur de Segré. La paroisse de Saint-
Sauveur s'étant trouvée considérablement
diminuée par la ruine du château, au xv^e
siècle, la Madeleine, qui n'était restée jusque
là qu'une simple chapelle, à l'usage de la
campagne, devint principale cure ; et plus
tard, unique centre religieux de la ville. Elle
est aujourd'hui église paroissiale. Reconstruite en 1835, sur l'emplacement de l'ancienne chapelle, l'église de la Madeleine
forme un rectangle, en style néo-grec, à
nefs séparées par de lourds piliers et dont
rien, ni dans le détail, ni dans l'ensemble, ne
vient atténuer l'excessive sévérité. Mais
d'importantes modifications, dont les travaux,
en cours d'exécution, ont été tout récemment adjugés pour une somme de cent vingt
mille francs, doivent en faire, à bref délai, un
édifice plus en rapport avec les goûts de l'é-
poque et les besoins du culte dans une ville
chef-lieu d'arrondissement.

Une paroisse succursale est conservée à
Saint-Aubin-du-Pavoil qui, érigée en commune à la Révolution, a dû à sa résistance

aux institutions libérales, d'être supprimée,
en 1833, et attribuée, partie à Nyoiseau, et
partie à Segré. L'église qui menaçait ruine,
a été remplacée, en 1867, par un élégant
édifice, en style du xiiie siècle, se composant
intérieurement d'une nef aux proportions
hardies et légères, avec autels de Saint-
Joseph et de la Vierge dans les bras du transept. L'abside, de forme pentagonale, est
décorée de jolis vitraux modernes, et la nef
d'un beau chemin de croix en relief.

Sur la route de Saint-Aubin, et à environ
500 mètres de la Madeleine, est le *Cimetière*,
qu'un culte pieux décore journellement de
fleurs et de couronnes qui sont autant de
symboles de regrets et d'espérances !! On y
remarque, au milieu de nombreux et riches
tombeaux, une vaste chapelle, en style du
xiiie siècle, surmontée d'une élégante lanterne
à jour.

Un peu plus loin, au milieu d'un riant bouquet de verdure, se trouve une fort jolie
habitation, appartenant à M. de Roincé, qui
nous paraît ne devoir son nom de *Maladrerie*
qu'à une primitive et antique destination.

La terre de Segré paraît avoir appartenu

au XIᵉ siècle, à la famille Yvon de la Jaille, et
être passée, au siècle suivant à Guillaume
de la Guerche, qui dut la disputer à Richard
Cœur de Lion, qui dès 1191 en avait cons-
titué le douaire de sa femme, Bérengère de
Navarre. Elle passa successivement ensuite
dans les maisons de Beaumont et de Vendôme, puis en celle des de Montbron qui la
vendit eu 1461 à Jacques d'Espinay, évêque
de Rennes. Depuis près d'un demi-siècle déjà,
les Anglais et les Bretons faisaient rage sur
les limites de la Bretagne et de l'Anjou. En
1422, Jean de la Pouille avait fait le siège du
château de Segré, mais sans pouvoir s'en
emparer. Poursuivie par le comte d'Aumale,
gouverneur de l'Anjou et du Maine, et
Ambroise de Loré, gouverneur de Sainte-
Suzanne, l'armée anglaise fut rejointe et
anéantie dans les landes de la *Brossinière*, à
sept kilomètres de la Baconière (Mayenne).
En 1433, le duc d'Arundel vengea cet échec
en rasant le donjon ; et en 1490 la place fut
reprise par les Bretons qui en achevèrent
la destruction. Reconstruit par les ligueurs,
le château fut de nouveau détruit en 1591,
par le comte de Rochepot, gouverneur de

l'Anjou, qui rasa en outre toutes les gen-
tilhommières fortifiées des environs. En 1621,
la ville fut de nouveau occupée par les
troupes du duc de Vendôme; et, en 1629, le fief
fut vendu par les d'Espinay à Guillaume de
Bautru qui, en 1636, le fit ériger en baronnie.
En 1752, la baronnie entra, par acquisition,
dans la famille d'Andigné de Saintes-Gemmes
qui la garda jusqu'à la Révolution.

Les armes de Segré, dont rien ne garantit
l'authenticité, étaient : *Écartelé sur champ
d'argent au 1er et 4e d'argent, au 2e et 3e
d'azur sur pal d'argent à bande d'azur tran-
chant sur le tout.*

Les cinq portes de *Candé*, de *Pouancé*, du
Pont-de-Verzée, de *Craon* et de *Châteaugontier*, dont on retrouve encore quelques vesti-
ges, indiquent clairement que les voies anciennes ne différaient pas sensiblement de
celles actuelles.

La Seigneurie de la paroisse de Saint-Aubin-du-Pavoil appartint aux seigneurs de
l'Ile-Baraton, puis à ceux de la Faucille. Le
château de Baraton n'existe plus.

En 1793, les habitants de Segré firent preuve
du plus ardent patriotisme. Ses volontaires,

sous la conduite du vénéré maire *Bancelin*, et du brave et digne chef de légion *Charlery*, y firent des prodiges de valeur pour le triomphe des principes du droit et de la liberté. Le 22 juillet, notamment, alors qu'ils n'étaient soutenus que par 150 soldats de l'armée régulière, ils luttèrent avec une énergie désespérée contre 2.000 Vendéens, commandés par Chantcel, Louis de Dieusie, fils du comte libéral et patriote qui fut député à l'Assemblée constituante et président du Directoire du département, et qui ne s'emparèrent de la place qu'après l'avoir saccagée et ruinée. Quarante patriotes tinrent tête, pendant quatre heures, dans la maison de *Haute-Bise*, où ils étaient renfermés, et qu'ils ne quittèrent que lorsque l'incendie y fut allumé. Poursuivis et atteints par les chouans, sur la route du Lion-d'Angers, ils furent faits prisonniers, et amenés sur les Hauts-Saint-Jean, où ils furent égorgés ! Et comme s'ils eussent eu besoin d'ajouter à cette infâme monstruosité, les révoltés, les mains encore teintes du sang de leurs victimes, pillèrent les caisses publiques avant d'évacuer Segré !!

On dit même, sur la foi des anciens, que

dans un élan de patriotique reconnaissance,
les habitants de Segré auraient élevé, sur le
Vieux pont, une statue au général *Hoche*, le
glorieux *pacificateur de la Vendée* ; et que
cette statue aurait été jetée au fond de la
rivière, par les bandes insurrectionnelles de
1817, commandées par le général vendéen
d'*Autichamp*.

Aujourd'hui Segré, avec ses blanches maisons en amphithéâtre sur les flancs de deux
côteaux aux senteurs embaumées ; avec ses
cinq ponts, dont l'un en métal d'un fort bel
effet, sous lesquels coulent les eaux de l'Oudon et de la Verzée ; avec ses ports, ses quais,
ses charmantes promenades aux environs, et
le mouvement résultant d'une gare importante, est une gentille et coquette petite ville
à laquelle il ne faudrait, pour devenir une résidence agréable, qu'une intelligente appro-
priation des trottoirs, tant de la place Grignon
que des rues de la Verzée et de la gare, à
l'usage exclusif des piétons, et la création
d'une salle de spectacle et de concerts, aussi
bien que d'une promenade publique. Nous
n'hésitons pas à penser et à croire que l'administration municipale qui attacherait son

nom à des améliorations que l'hygiène et la
santé ne réclament pas moins impérieusement
que les besoins moraux et intellectuels de la
nouvelle société, aurait bien mérité du pays
et de ses administrés.

Si les voies ferrées partant de Segré per-
mettent de visiter, sans dérangement sensi-
ble, Angers, Le Lion, Combrée, Pouancé,
Châteaubriand, Craon, Châteaugontier, Laval, Sablé, Candé, Nantes, etc., de conforta-
tables voitures de louage, d'un autre côté,
conduisent dans les communes environnantes
et dont plusieurs offrent de véritables sujets
d'intérêt et de curiosité.

Et parmi les promenades de courte haleine,
que les plus délicats peuvent faire sans se
trop fatiguer, la plus agréable, la plus charmante, la plus délicieuse, par une belle
journée d'été est, sans contredit, celle de la
Chapelle-sur-Oudon, par la rive droite de la
silencieuse et sinueuse petite rivière. Dès le
départ se présente l'élégant pont du chemin
de fer ; plus loin on rencontre un moulin, au
monotone tic-tac, séparé d'une écluse par un
barrage, du haut duquel les eaux tombent
bouillonnant en flots argentés ; au delà se

voient de hauts et pittoresques côteaux, garnis d'arbres verts, et entrecoupés, çà et là, de vertes prairies et de vastes champs aux moissons dorées ; au fond, enfin, et comme couronnement de ce riant et frais tableau, on aperçoit le clocher de l'antique église, qui semble émerger d'un bouquet de grands arbres, aux multiples tons verts dont la nature seule possède le secret.

Segré, qui est pouvu d'une usine à gaz, pour les services publics et particuliers, possède en outre : sous-préfecture ; tribunal de première instance ; justice de paix ; récette particulière des finances ; conservateur des hypothèques ; contrôleur et percepteur des contributions directes ; receveur entreposeur et receveur à pied et à cheval des contributions indirectes ; conducteur des ponts et chaussées ; agents voyers d'arrondissement et de canton ; vérificateur de poids-et-mesures ; bureau des postes et télégraphes ; lieutenance de gendarmerie ; inspecteur de l'enseignement primaire ; trois écoles communales laïques, dont une de jeunes filles ; deux écoles congréganistes libres, dont une de jeunes filles avec pensionnat ; une école maternelle communale congréganiste ; deux écoles congréganistes à Saint-Aubin, dont une, celle des filles, est communale ; caisse d'épargne ; chambre d'agriculture ; comice agricole ; courses de chevaux ; commission hippique ; commission d'hygiène et de salubrité ; prison départementale ; abattoir, hospice, bureau de bienfaisance, société de tir, etc.

Parmi ses monuments publics, et en dehors des églises déjà mentionnées, on remarque tout particulièrement sa charmante *sous-préfecture*, construite en 1862, sur l'un des points culminants de la Verzée, avec une élégance et une disposition d'art et de goût qui font le plus grand honneur à l'architecte M. Lachèse ; l'hôtel est entouré d'un jardin admirablement percé et aménagé. Le *presbytère*, qui attient à la Madeleine, a une vue splendide sur la ville et la rivière de l'Oudon. L'*Hôtel-de-Ville*, avec halle, justice de paix et caisse d'épargne, est très insuffisant, et doit être incessamment démoli et remplacé. Dans la salle de la mairie existe un embryon de bibliothèque, dont les volumes sont à la disposition des habitants.

Comme maisons particulières, nous citerons

tout particulièrement la belle habitation de
M. Roger de la Borde, dont les dépendances
sont, dans toute leur longueur, baignées par
l'Oudon; le coquet petit château de M. de
Villotte, qui domine la Verzée; et enfin la
pittoresque propriété de Haute-Bise, tout
récemment acquise par M. Durand, banquier.

Grâce à ses quatre lignes de chemins de
fer sur Paris, Saint-Malo, Nantes et Angers,
Segré a acquis, dans ces dernières années,
une importance qu'il n'avait point connue
jusque-là.

Les affaires qui se traitent à ses foires et à
ses marchés en grains, bestiaux, volailles et
autres denrées du pays, atteignent des chiffres considérables. La station de Segré est
l'une des plus importantes du réseau. Son
industrie consiste dans l'exploitation de ses
carrières, trois fabriques de machines agricoles, une scierie, des teintureries, des minoteries, une tannerie, une imprimerie, deux
fabriques de clôtures métalliques, etc.

AVIRÉ, commune de 711 habitants, chef-
lieu de perception, à 6 kilomètres 1/2 de
Segré et 23 mètres d'altitude, sur la rive

gauche de la Sazée, ne présente qu'un médiocre intérêt.

L'église (Saint-Martin) donnée vers 1130 par l'évêque d'Angers à l'abbaye de la Roë, a été plusieurs fois restaurée et remaniée. On y accède par un double escalier de 8 marches, à palier couvert formant porche d'entrée. Le portail est de style roman, et son unique nef est lambrissée jusqu'à la hauteur des fenêtres qui sont en style ogival du XIIIe siècle. Aux tombées d'un arceau plein-cintre, qui sépare la nef du chœur, sont les autels de la Vierge et de saint Sébastien. Au fond du chœur, s'appuie un autel à trois compartiments représentant : celui du centre, une belle *adoration des Mages*, et ceux des côtés, *saint Jacques* et *saint Martin*. Au dessus plane le *Père Éternel*.

Tout près de l'église, et vers l'est, se trouve une ancienne *gentilhommière* avec croisées et écussons du XVIe siècle, qui sert actuellement de cure. Au nord, existe une maison bourgeoise appartenant à M. Cartier, maire actuel de la commune, qui dut être le siège de l'ancienne habitation seigneuriale, et qui porte encore aujourd'hui le nom de : *Maison du seigneur* ou de *Cour d'Aviré*.

La seigneurie relevait de Châteaugontier, et appartint aux seigneurs de Bouillé-Théval (Montguillon). Rossignol, Beauchêne et la Fleuriais sont d'anciens fiefs.

Le *Rossignol* appartint jusqu'au xve siècle à une famille du nom ; et, plus tard, aux Guy-de-la-Jaillette. Après la Révolution, le domaine fut acquis par M. de Contades, dont une descendante l'apporta, par mariage, à M. de Danne qui le possède encore aujourd'hui. Le vieux manoir seigneurial, autrefois entouré de douves, dont partie existe encore, a été transformé en ferme.

Beauchêne, qui, au xviiie siècle était à la maison de Sancé, appartient actuellement à M. de Messey. Le vieux logis, qui a servi pendant quelque temps de mairie, a également été converti en ferme.

La Fleuriais, qui fut à la famille de Louet, a une même destination.

BOURG-D'IRÉ, commune de 1,292 habitants, à 8 kilomètres de Segré et 77 mètres d'altitude, sur le coteau de la rive droite de la Verzée, et centre d'une agriculture en plein progrès.

L'église (Saint-Symphorien) du xi° s., a été
brûlée par les chouans dans la nuit du 29 au
30 thermidor, an III. Reconstruite en 1807,
et restaurée en 1845, elle se compose intérieurement de trois nefs sombres et basses
soutenues par d'épais et lourds piliers. Elle
est décorée de jolis vitraux représentant:
celui de l'abside, le *Christ*; celui de l'autel
de la Vierge, la *proclamation par Pie IX du
dogme de l'Immaculée Conception*; et celui
de l'autel saint Louis, *ce saint sous le chêne
de Vincennes*. Deux statues de *saint Sympho-
rien* et de *saint Sébastien*, du xviii° s., et un
très beau chemin de croix, en complètent la
décoration.

La châtellenie, érigée en comté au
xvii° s., était à la *Bigeotière*. Elle appartint
successivement aux familles de Monteclert,
de Villeprouvée, de Clerembault, de Laval,
de Salignac-Fénelon, de Montmorency-Laval,
etc. Le célèbre archevêque de Cambray fut
reçu, à plusieurs reprises, dit-on, dans le château de la Bigeotière, par sa cousine, la
marquise de Laval. Le domaine et les très
remarquables ruines du château appartiennent
aujourd'hui à la famille de la Rochefoucault.

3

La Douve et Avessé sont d'anciens fiefs.
La Douve appartint pendant les XVIIe et
XVIIIe s. aux familles Claude Cormier et
Goureau de la Blanchardière. Le domaine
est actuellement la propriété de M. le marquis
d'Armaillé, qui a remplacé l'ancien manoir
seigneurial par un superbe château moderne,
de forme rectangulaire et pavillon central en
forme de cône tronqué, entre deux pavillons
à toit pointu.

Avessé qui fut du XIVe au XVIIe s. dans la
famille Champiré d'Orvaux, appartient depuis
1782 à la famille d'Andigné. Il n'en reste plus
qu'une ferme du même nom.

A proximité du bourg, et à mi-côte d'une
colline bordée par la Verzée, est le magnifique château moderne de la *Maboulière*, en
style Louis XIII, élevé par M. de Falloux,
académicien, orateur célèbre, ministre de
l'instruction publique en 1858, homme d'un
talent incontesté, mais dont l'esprit politique
n'a été, et n'est encore aujourd'hui, que trop
justement critiqué et condamné. Tour à tour
légitimiste, républicain, bonapartiste et orléa-
niste, ce fut lui qui, en 1874, proposa de
demander à M. le comte de Chambord la

reconnaissance du drapeau tricolore, et l'adoption du comte de Paris à défaut d'héritier direct.

L'autel de la chapelle, orné de sept bas-reliefs en ronde bossse, représentant la Passion, est l'un des plus beaux morceaux de la sculpture sur bois de la fin du xv° s. De très beaux vitraux d'*Échappé de Nantes*, représentent diverses scènes de la vie de la Vierge.

La galerie des tableaux, et les appartements particuliers de M. de Falloux, mort en 1886, et auxquels rien n'a jusqu'à ce jour été changé, renferment plusieurs reproductions de maîtres, dont un *saint-Augustin* et la *mort de saint Brunoau*.

Partout, dans cette superbe habitation, l'art et le bon goût se trouvent alliés à la plus grande simplicité. Il semblerait vraiment qu'une âme troublée et brisée aurait seule pu chercher, dans cette touchante et saisissante association du luxe à la plus sévère austérité, le calme et le repos qui pouvaient lui manquer !

M. de Falloux ne fut pas seulement un homme politique, mais il fut encore un agronome distingué qui, par ses exemples,

ses conseils et son désintéressement, sut
doter la contrée de tous les perfectionne-
ments agricoles qui ont fait sa prospérité.
Par ses riches étables, notamment, il a
propagé dans le pays l'élevage des bestiaux
de race, et par suite de produit. Le domaine
appartient actuellement à M. le comte de Blois,
qui continue vaillamment l'œuvre de développement agricole entreprise et si heureusement
conduite par M. de Falloux, sous l'habile
direction de M. Lemanceau, son régisseur.

CHAPELLE-SUR-OUDON commune de
729 hab., à 4 kilom. de Segré, et 65 m. d'altitude, possède d'excellentes prairies sur la
rive droite de l'Oudon.

Son église (Saint-Martin-de-Vertou) a été
construite en 1774, par le curé de la paroisse,
l'abbé Guittet. Elle se compose d'une seule
nef, suivie du chœur, à l'entrée duquel se
trouve un remarquable autel du XVIIIe s. Le
fond du chœur est décoré d'une belle
Annonciation, et de deux statues sans valeur.
Dans les bras du transept, sont les autels de
la *Vierge* et de *saint Sébastien*, avec belles
statues de *Leissner*, entourées d'angelots.

La seigneurie était à la *Lorie*, et fut longtemps dans une famille de seigneurs du nom.
A la fin du xvie s., le domaine appartenait à
une famille Pelletier, l'une des premières
d'Anjou, et il passa par alliance à la famille
Constantin. Cette ancienne et magnifique
terre, avec château, parc, avenues et chapelle,
a été acquise, en 1886, de M. le duc de Fitz-
James, par M. le marquis de Saint-Genis,
déjà propriétaire, même commune, de la terre
de la *Gemmeraye*, sur laquelle il a récemment
fait élever un fort joli château moderne. Le
château de la Lorie, qui était au xviiie s. l'une
des plus élégantes résidences de l'Anjou, fut
dévasté, et en partie incendié en 1793. La
chapelle du xviie s., avec autel du xviie s., est
décorée de fort jolis vitraux du xvie s. C'est
sur la terre de la Lorie, et dans une vaste et
superbe prairie attenante au château, qu'ont
lieu, au mois de septembre de chaque année,
les belles et intéressantes courses de Segré.

CHATELAIS, commune de 1,037 hab., à
12 kilom. de Segré, et 30 m. d'altitude, a son
bourg assis sur la crête de l'un des plus
hauts plateaux qui forment la région, et entre

lesquels serpente gracieusement l'*Oudon*,
grossi de l'*Achéron*, ruisseau qui n'a de com-
mun que le nom avec la rivière qui, depuis
de longs siècles, a pour nocher le redoutable
Caron.

Les routes qui conduisent de Segré à Chatelais, en passant, soit par l'Hôtellerie de
Fléé, soit par Nyoiseau, offrent une variété
de points de vues que l'on ne peut se lasser
d'admirer. Tantôt ce sont des campagnes
ondulées, coupées d'eau, avec des bouquets
de verdure, qui se perdent dans des horizons
infinis ; tantôt ce sont des petits chemins
ombragés, aux vieux arbres penchés, invitant
à la solitude et au mystère ; tantôt enfin ce
sont de magnifiques avenues, bordées d'arbres
séculaires, qui conduisent à des habitations
quasi-princières.

Les traces d'anciennes voies romaines et
les nombreux débris d'antiquités gallo-
romaines, telles que médailles et briques à
rebord, que l'on rencontre sur le territoire
de cette commune, en font un centre antique.
C'est à cette *villa* que plusieurs savants
voient la station *Combaristum* que d'autres
placent, soient à Combrée, soit à Candé.

L'église (Saint-Pierre) appartenait au xii°s.
à l'évêque Ulger, qui la donna, vers 1140, au
chapitre de Saint-Maurice d'Angers. La même
époque vit s'élever, au bourg, le prieuré de
Saint-Pierre ; et à moins d'un kilomètre de
distance, au milieu d'une vaste enceinte, dont
la légende fait un camp romain, celui de
Saint-Julien-l'Ardent. Vers 1731, le premier
fut réuni à l'église et le deuxième au collège
de Châteaugontier. Le domaine de Saint-
Julien, appartenait naguère à M. Aubert qui,
après l'avoir transformé, et fait reconstruire
l'habitation, l'a vendu, en 1886, à M. de la
Borde, le propriétaire actuel. L'église, brûlée
par les chouans en 1792, et reconstruite en
1803, est sans intérêt. Tout y est lourd, disparate ; et, à part une croisée du xvii° s. et une
travée du xviii°, sans caractère déterminé.
Le chœur et la chaire sont décorés de peintures de fort mauvais goût.

Châtelais, qui dut être une place de guerre
dès les premiers temps du moyen âge, fut
bien certainement au xiii° s. une ville fortifiée
d'une grande importance. Son château, pris
et démantelé par les Anglais en 1423, fut de
nouveau attaqué, et cette fois totalement

ruiné, par les Ligueurs, en 1580. Il n'en reste
plus qu'un pan de mur, que l'on dit être de
la prison, et les imposants débris de la *porte
Guerchoise*, dont les murailles, de 3 mètres
d'épaisseur, disparaissent sous une épaisse
chevelure de lierre.

La châtellenie relevait de Pouancé. Elle
fut vendue en 1764, par la famille de Rohan,
à la famille de Scépaux qui l'annexa à la seigneurie de *Chalonge*, qui elle-même fut
vendue en 1789 à la famille de Mailly, dont
l'héritière a épousé M. Roger de Terves,
propriétaire actuel du domaine. Il ne reste
plus du château de Chalonge, qui en 1794
servit de retraite aux chouans, qu'un corps
de logis, sans style, et deux pavillons du
XVIIe s.. La chapelle et les servitudes servent
de ferme. Un fief, qui relevait de Chalonge,
était au *Buron*, aujourd'hui également transformé en ferme, mais dont le vieux logis
garde encore ses anciennes douves.

LA FERRIÈRE, commune de 833 hab., à
8 kilom. de Segré et 88 m. d'altitude, sur un
plateau entouré de landes et de bois, d'où
s'échappe, en formant étang, un affluent de

l'Oudon. Elle doit son nom au minerai de fer
qui y abonde, et dont l'extraction dut y être
autrefois très active, si on en juge par les
nombreux amas de scories qui couvrent son
territoire.

Les deux dolmens de la *Pierre-Couverte* et
de *Putifaie*, témoignent du séjour prolongé
que les peuplades antiques durent faire dans
le pays, alors tout entier couvert par la forêt
de *Flée*. Une ancienne voie romaine, dont on
retrouve encore quelques traces, limitait la
commune dans toute sa longueur ouest.

L'église (Sainte-Madeleine), ancienne chapelle d'Aviré, jusqu'en 1713, a été de 1840 à
ce jour, complètement restaurée et transformée. L'édifice, en style ogival du XIII° s., se
compose d'une nef unique, voûtée en pierre,
suivie d'un chœur de deux travées, et d'une
abside à pans coupés. Dans les absioles, décorées comme l'abside de très beaux vitraux
armoriés, sont les autels de *saint Jean* et de
la *Vierge*, surmontés de jolies statues modernes. Un élégant clocher à base carrée,
mais encore dépourvu de flèche, forme porche
d'entrée absolument isolé.

Le fief, qui formait autrefois une seigneurie

3.

importante, appartint successivement, du
xv° s. à la Révolution, aux familles de Cour
cérieux, de Villeprouvée, Leclerc et de Vezins.
Après 1789, le domaine passa à Mme Aymer
de Clervaux, qui l'apporta, par alliance, à
M. le baron de Villebois, dont un descendant
le possède actuellement.

Le château des xiv°, xv° et xvi° s. à croisées
à meneaux de pierre et lucarnes armoriées au
centre, et bordées de choux rampants, est l'un
des plus intéressants du pays. Il vient d'être
l'objet d'une complète et très habile restauration, sous la direction de M. Besnier d'Angers.

La ferme de l'*Épine* est un ancien fief, appelé aujourd'hui encore le *Château*, qui appartint au xvi° s. à la famille de Raboil, et en
1790 à la famille de Montiron. Le domaine est
depuis de longues années la propriété de
MM. de la Cadinière. Le vieux logis, tout dé-
labré, a été en partie transformé par les restaurations inintelligentes dont il a été l'objet.

SAINTE-GEMMES-D'ANDIGNÉ, commune
de 1,270 hab. à 2 kilom. de Segré et 25 m.
d'altitude, dans l'angle formé par le confluent
de la Verzée et de l'Argos qui l'arrosent et la

fertilisent. Sa richesse consiste dans son agriculture qui y est en grand progrès, et dans l'élevage des bestiaux qu'y favorisent les belles prairies qui bordent ses rivières.

Le domaine et l'église furent donnés, en 1060, par Ulric Leroux de Chemillé, aux moines de l'abbaye de Saint-Nicolas d'Angers, qui y établirent le prieuré de Saint-Roch, dont on voit encore, vers le milieu du bourg, un bâtiment, dit le *Grand logis de l'abbaye* qui en fit partie. L'église, qui dut servir de chapelle à l'abbaye, en même temps que d'église paroissiale, a été remplacée en 1865 par le magnifique édifice, en style ogival du XIIIᵉ s. que l'on voit aujourd'hui. Le clocher, à base carrée formant porche, est décoré, à chacun de ses angles, d'élégants clochetons reliés par une jolie balustrade ajourée. Il est surmonté d'une fort belle flèche en pierre. Les pilastres des collatéraux sont également surmontés de petits clochetons, que des arcs unissent au corps principal de l'édifice. L'intérieur se compose de trois nefs, soutenues par de hautes et élégantes colonnes, à l'extrémité desquelles sont l'abside et les absidioles. Il est éclairé

par de nombreuses et gracieuses fenêtres,
à doubles meneaux de pierre et rosace, garnies de vitraux, dont quelques-uns, ceux de
l'abside et des absidioles notamment, sont
de très belle facture. On y remarque, en
outre, ses riches autels, son chemin de croix,
la chaire et les stalles du chœur.

A l'extrémité ouest de la commune, au lieu
dit l'*Olivraie*, se trouvent dans une prairie six
Pierres-Levées, dont la principale a 2^m,60 de
hauteur; et près de la *Blanchaie*, trois *peulvans.*

La Châtellenie était à la *Blanchaie;* elle appartint à la maison de Chazé jusqu'en 1587,
époque à laquelle elle passa, par alliance,
dans la famille d'Andigné, qui la fit ériger
en comté en 1747. Au château des xve et
xvie s., plusieurs fois restauré et transformé,
attient une très jolie chapelle du xvie s.
décorée de fort beaux vitraux modernes. Ce
vaste et magnifique domaine n'est plus jamais
sorti de l'antique et noble famille d'Andigné,
dont l'un des membres, connu sous le nom
de chevalier de Sainte-Gemmes, et plus tard
sous celui de général d'Andigné, s'est rendu
célèbre, sous la Révolution et l'Empire, par

son énergie et sa bravoure. Il appartient actuellement à M. le comte Geoffroy d'Andigné.

Dieusie, la Chétardière, la Basse-Rivière, et la Touche sont d'anciens fiefs.

Dieusie appartenait au xvie s. à la famille dont il porte le nom. Le château-fort, reconstruit dans le goût moderne, et encore entouré de douves vives, est aujourd'hui la propriété de M. Goguel de la Salmonière, maire de la commune, qui le tient de sa mère, née de Dieusie.

La Chétardière, qui au cours du xviiie s. a appartenu aux familles de Dieusie et d'Andigné, est aujourd'hui à M. du Doré. Le manoir seigneurial a été remplacé par un château moderne auquel on arrive par une avenue partant du bourg même de Sainte-Gemmes.

La Basse-Rivière et la *Touche*, réunis en 1747 au comté d'Andigné, en ont été détachés après la Révolution. La Basse-Rivière appartient actuellement à Mme de Clavière ; et la Touche à M. Lasnier, avocat à Mayenne.

En 1810, M. Jallot dota généreusement la commune, dont il était le maire, d'un hôpital contenant aujourd'hui 15 lits, et auquel une école de filles fut plus tard atta- chée par une autre fondation.

HÔTELLERIE-DE-FLÉE, commune de 612 hab. sur un affluent de l'Oudon, à 8 kilom. de Segré, et 75 m. d'altitude, en partie cou- verte par l'antique forêt de *Flée*, dite aujour- d'hui de la *Ferrière*. La voie romaine qui la traverse du nord-est au sud-est, et le trésor de monnaies celtiques qui a été trouvé à la *Haute-Faucille*, en font un centre antique.

L'église (Saint-Nicolas) est de construction récente ; il n'est resté de l'édifice du xii s. que la base du clocher. Elle est décorée inté- rieurement de jolis vitraux modernes, et de deux tableaux, dont une *Annonciation* du xviii s.

Le siège de la seigneurie était, au xiv s., à la *ferme de Flée*, dite aussi la *salle de Flée*. La motte et le château ont depuis longtemps disparu. Au siècle suivant, le domaine fut réuni à la baronnie de Mortiercrolle (Mayenne), et en 1766, il fut acheté par la famille de Scépeaux, qui ne tarda pas à le céder à la fa- mille de Sancé.

Un autre fief était à la *Faucille*; il appartint longtemps à une famille de seigneurs du nom, dont plusieurs se sont illustrés dans la carrière des armes au xvi° s. Le château, de forme rectangulaire, est du xvii° s. Il est placé au fond d'un magnifique vallon, et est entouré presque entièrement par l'Oudon. Un immense parc vient ajouter au charme de cette séduisante demeure, qui appartient actuellement à la famille O'Madden.

Près de Mortiercrolle, (aux ruines imposantes), et en partie seulement sur le territoire de l'Hôtellerie, était le célèbre couvent des Cordeliers, *les Anges*, construit au xv° s. par Pierre de Rohan, maréchal de Gyé, et qui servit de maison de force, pour les jeunes gens, jusqu'à la Révolution. Il n'en reste que quelques murs de clôture, et une toute petite partie du bâtiment principal.

A la *Drouettaie*, et sur le bord de la route de Segré à Craon, existe un ancien château du xvii° s. tout modernisé, appartenant actuellement à M. Homberg qui l'habite.

LOUVAINES-ET-LA-JAILLETTE, commune de 743 hab, à 8 kilom. 300 m. de Segré, et 28 m. d'altitude, sur le coteau de

la rive gauche de l'Oudon, formée de deux
bourgs, *Louvaines* et la *Jaillette*, réunis en
1809, par l'annexion du dernier au premier.

Des traces d'une ancienne voie romaine
ont été découvertes sur toute la ligne aujour-
d'hui connue sous le nom de *Chemin-d'épi-
nard*. Dans le bois de *Launy*, existait un
dolmen qui a été détruit en 1815.

L'église de *Louvaines* (Saint-Aubin) du
xii° s. a été remplacée, en 1869, par un
vaste édifice, en style gothique du xiii° s.,
dont la grâce et l'élégance font plus péni-
blement ressortir la triste nudité. Le clocher,
à base carrée formant porche d'entrée, et décoré de quatre petits clochetons d'angle, est
surmonté d'une flèche couverte en ardoise.
Son unique nef est suivie d'un transept, dans
les bras duquel sont les autels de la Vierge
et de Saint-Aubin. Au milieu du chœur est le
maître-autel, et sur le côté gauche la chaire,
en pierre blanche, style xiii° s. L'abside est
décorée de sept vitraux, dont trois seulement
méritent d'être remarqués.

L'église de la Jaillette, également du xii°
s., n'est autre que l'ancienne chapelle du
prieuré du Mélinais (Clefs), qu'y fonda à la

même époque Geoffroy de Loutois ; c'est le plus curieux des édifices anciens du pays.

La châtellenie de Louvaines relevait de Candé et de Marigné, et celle de la Jaillette relevait de la Roche-d'Iré. Les fiefs étaient à Launay et au Hardas.

Launay appartint du xve au xviie s. à la famille Lemaczon. En 1632 le domaine passa à la famille d'Andigné, dont l'un des descendants, M. Henri d'Andigné, l'a tout récemment laissé en mourant, à M. Gaston du Mas, actuellement maire de la commune.

Le Hardas qui était également au xviie s. à la famille d'Andigné passa après la Révolution à la famille de Jourdan, qui l'a récemment vendu à M. de Saint-Genis. Le vieux manoir, transformé en ferme, a gardé ses deux pavillons du centre, aux toits élevés surmontés de girandoles, et quelques-unes de ses anciennes fenêtres à meneaux de pierre et surmontées de sujets allégoriques.

L'extrémité ouest du bâtiment est flanquée d'une tour non terminée, ou démantelée; tandis que celle qui se trouve à l'extrémité opposée est parfaitement conservée, et encore

pourvue de ses créneaux et de ses meurtrières.

MARANS, commune de 613 hab., au
bord d'une vallée, à 5 kilom. de Segré et
28 m. d'altitude.

La paroisse et l'église paraissent devoir
être attribuées aux moines de Saint-Serge
d'Angers, qui possédaient le domaine dès
le viii° s. L'église (Saint-Serge et Saint-
Bach) brûlée par les chouans en 1792, fut
restaurée en 1802, et totalement reconstruite
en 1873. Le nouvel édifice, en style ogival
du xiii°, s. est d'une élégance achevée. Son
unique nef est boisée jusqu'à la partie supérieure des bancs qui la garnissent en
entier, et qui eux-même reposent sur un
parquet. L'abside et les absidioles sont décorées de fort jolis vitraux. Au fond d'une
tribune, que supporte le porche d'entrée, se
voit un autre remarquable vitrail représentant *Saint-Michel terrassant le dragon.*

Le fief, qui aux xvii° et xviii° s. était
qualifié de châtellenie, relevait de Jarzé; il
appartint, du commencement du xvii° s.
à la Révolution, aux seigneurs de la Lorie.

D'autres fiefs étaient à la Devançais et à la Bertaie.

La Devançais appartint jusqu'à la fin du xvi° s. aux seigneurs de ce nom; et pendant les xvii° et xviii° s. aux familles de Vigré et de Longueil. Ce domaine appartient aujourd'hui à M. de la Perraudière, maire de la commune et conseiller d'arrondissement, qui a fait reconstruire la chapelle seigneuriale du xvii° s.

La Bertaie était en 1789 dans la famille Poisson de la Faütrière. Le vieux manoir a été converti en ferme.

SAINT-MARTIN-DU-BOIS, commune de 1,048 hab., bornée au sud par l'Oudon, à 11 kilom. de Segré, et 62 m. d'altitude, dont l'agriculture fait l'unique richesse. Aucune autre trace antique, qu'une voie romaine d'Angers à Châtelais, n'a été signalée sur son territoire. C'est un vieux centre, en partie transformé, mais auquel quelques logis à hauts toits et à meneaux de pierre laissent encore un caractère d'antiquité.

L'église (Saint-Martin) donnée en 1140 par Yves de la Jaille à l'évêque Ulger, a été

reconstruite en 1877. L'édifice actuel, en
style des xii° et xiii° s., comprend trois nefs
soutenues par des colonnes d'une remarquable hardiesse, enjolivées de décorations by-
santines admirablement fouillées. Malheureusement, les accessoires et l'ornementation
laissent absolument à désirer. Ni les autels, ni
la chaire, ni les statues, ne sont en rapport
avec l'élégance et l'importance de l'œuvre
principale. La vitrine de la chapelle de M. le
vicomte de Trédern est seule digne d'être
mentionnée.

Les qualités extérieures du bâtiment sont
également gâtées par la conservation de
l'ancien clocher que rien n'autorisait.

La seigneurie de paroisse, après avoir
appartenu au Prieuré d'*Aviré* (Beaufort), passa
en 1625 aux seigneurs du Percher. D'autres
fiefs étaient à la Lizière, à Danne, au Coudray, à la Motte-d'Orvaux, et à la Chartenaie.

Le Percher appartint pendant les xvii°
et xviii° s. aux familles de Bautru et de
Scépeaux; il est aujourd'hui aux héritiers de
M. le vicomte de Court, tout récemment décédé. Le château, avec ses magnifiques lucarnes à meneaux de pierre, élégamment

ornementées et encadrées de colonnettes, est
du XVI° s. La chapelle, à porte en accolade,
surmontée d'une gracieuse lanterne à jour,
est de la même époque. L'intérieur est décoré de vitraux représentant diverses scènes
de la vie de Jésus-Christ, signés : *Gérôme
Darmel*. Au fond d'une élégante tribune, en
chêne sculpté, existe une remarquable hor-
loge au-dessus de laquelle plane un Saint-
Esprit.

La Lisière appartint du XV° au XVII° s. à la
famille de Champagné, et plus tard aux familles de Racappé et d'Ampoigné. Le domaine
et le château modernisé sont aujourd'hui à
M. le vicomte de Trédern, maire de la commune.

Danne était au XVI° s. dans la famille d'Orvaux. En 1640, la terre passa dans la famille
Bernard, de qui l'a acquise M. de Danne, le
propriétaire actuel. Le vieux manoir seigneurial a été remplacé, en 1826, par un château moderne, en forme de rectangle, avec
fronton central.

Le Coudray appartint aux de Scépeaux
pendant les XVI° et XVII° s, puis aux de Mon-

teclerc jusqu'à la Révolution. Les restes du
château et une partie du domaine, aujour-
d'hui divisé, appartiennent actuellement à
M. de la Forêterie.

La Motte d'Orvaux, appartenait au XVI° s. à
la famille d'Orvaux de Champiré, dont l'un
des membres, Thibault, fut condamné en
1527, comme faux monnayeur, à être brûlé
vif à Angers. Le domaine était au XVIII s.
dans la famille Louet. L'ancien logis est
transformé en ferme.

La Chârtenaie, avec manoir, et chapelle
dite *de Bauvais* ou *de la Croix,* appartenait
vers le milieu du XVII° s., à un sieur Boyer de
la Croix, qui y épousa une demoiselle Dupin
de la Drouetterie. Les restes du manoir, et
une partie du domaine divisé, appartiennent
aujourd'hui à M. François, du Lion-d'Angers

MONTGUILLON, commune de 346 hab.,
sur un haut plateau coupé de petites vallées,
autrefois couverte de bois, à 78 m. d'altitude,
et 14 kilom. de Segré.

Les nombreux et très curieux débris de
monuments celtiques que l'on rencontre sur
son territoire en font un centre antique.

Sur la closerie des *Forges*, existent les restes d'un cromlech, composé de 3 peulvans,
dont le plus important mesure 4 m. 30 de
hauteur sur 3 m. 37 de largeur. Deux autres
peulvans, aujourd'hui détruits, se trouvaient
sur la métairie du *Domaine*, et sur la côte de
Pierre-Errue. Enfin, dans le bois de *Rouveray*,
se voient encore deux curieuses enceintes
avec fossés et talus, qui paraissent être d'o-
rigine celtique, et dans lesquelles quelques
auteurs ne voient qu'un campement à l'usage
des nombreuses forges qui existaient autrefois dans le pays.

L'église (Saint-Pierre) donnée en 1130 par
Babin, seigneur du lieu, à l'évêque Ulger, a
été plusieurs fois restaurée et transformée, et
en dernier lieu en 1874. L'édifice actuel, à
nef unique lambrissée en berceau, a conservé trois très remarquables fenêtres du
xve s. On y voit en outre de curieux fonts
baptismaux, de la même époque, formés
d'une seule pierre blanche supportée par
cinq colonnes à base et chapiteaux de
forme octogonale; une fort belle chaire en
bois sculpté du xviiie s.; et le maître-autel
décoré de jolies sculptures du xviie s. La

paroisse, supprimée en 1802, fut reconstituée en 1833.

La seigneurie, dont le siège était à *Bouillé-Théval*, fut longtemps dans la maison de Quatrebarbes. Le château seigneurial, aujourd'hui converti en ferme, présente encore de curieux restes d'architecture des XVIᵉ XVIIᵉ et XVIIIᵉ s.

Le fief était à la *Bourgonnière*; il appartint à la famille Leroy de la Potherie du commencement du XVIIIᵉ s. à la révolution. Le manoir, également transformé en ferme, garde aujourd'hui encore ses profonds et larges fossés qui l'entouraient, ainsi qu'une remarquable tourelle d'escalier en avant corps du bâtiment principal.

NOYANT-LA-GRAVOYÈRE, commune de 851 hab. à 8 kilom. de Segré, et 99 m. d'altitude. Elle est limitée, vers Sud, par la Verzée; et vers Nord, par le Misengrain qui y forme les longs et très pittoresques étangs du même nom.

Cette commune possède des fours à chaux à la *Fosse*; des ardoisières à *Misengrain*; une briqueterie à la *Roche*; une usine à la *Corbinière*; et une houillère à la *Haute-Guichère*,

Les nombreux amas de scories que l'on rencontre sur ses divers points, témoignent de
l'importance des forges qui y existaient au
moyen âge. Les ardoisières de Misengrain
n'occupent pas moins de 300 ouvriers.

L'église (Saint-Georges), donnée en 1177,
par l'évêque Geoffroy, au chapitre de Saint-
Maurice d'Angers, ne fut, du xv° s. à la révolution, qu'une annexe de la cure du Bourg-
d'Iré. L'édifice, transformé en 1840, est sans
intérêt.

La châtellenie de la *Gravoyère*, après avoir
longtemps appartenu à une famille de seigneurs du nom, passa au xvii° s. dans la
famille de Scépeaux. Il ne reste du château
seigneurial, rasé en 1620, que de vastes caves
couvertes d'épaisses broussailles. La chapelle
fut détruite en 1707.

Le fief était à *la Roche*. Jusqu'au milieu du
xiv° s. il appartint à la famille de Noyant
(d'où Noyant-la-Gravoyère) ; et en 1773 il
advint à M. Louis de Dieusie qui, en 1788,
remplaça le vieux manoir par l'élégant château que l'on voit aujourd'hui, à mi-côte,
entouré de verdure, et dont la principale
façade regarde le midi. Le domaine, qui est
l'un des plus beaux du pays, appartient au-

4

jourd'hui à M. le baron de Candé, dont la
famille le possédait depuis 1802.

A *la Corbinière*, on voit, transformés en
ferme, les restes d'un vieux château à tourelles persistantes, au bord d'un étang du
même nom, et qui, parait-il, aurait servi
d'asile aux Huguenots. Le domaine appartient à M. de Pontbriant. A *Saint-Blaise* on
retrouve également, sous forme de ferme,
l'ancien logis avec fenêtres à meneaux de
granit d'un prieuré du même nom.

NYOISEAU, commune de 704 hab. sur
une éminence de la rive droite de l'Oudon,
au confluent de l'Araise, à 90 m. d'altitude, et 6 kilom. de Segré. La tradition
porte qu'un collège de prêtres du culte drui-
dique aurait existé dans les bois de *Nidoiseau*.
Dans la châtaigneraie de la *Suzannière* se
trouve un peulvan.

La terre de Nyoiseau, qui au xi⁰ s.
relevait de Saint-Aubin-du-Payoil, fut érigée
en paroisse au xii⁰ s. par les bienfaiteurs
de l'abbaye, destinée aux veuves et aux
jeunes filles, qu'y fondèrent à cette époque
les ermites Salomon et Robert d'Arbrissel.
En revanche Nyoiseau reçut, en 1833, une

partie de la commune de Saint-Aubin qui, ne
voulant pas se soumettre aux institutions
libérales, vit prononcer sa suppression.

Comblée de dons par les seigneurs de
Nyoiseau, de Bouillé, de la Jaille et de
Pouancé, l'abbaye ne tarda pas à prospérer.
L'église paroissiale (Notre-Dame-de-Pitié),
en même temps affectée au service des reli-
gieuses, étant devenue trop petite, on en
bâtit une autre, dédiée à *saint Séréné*, au
service de laquelle quatre curés et quatre
chapelains furent attachés. L'abbaye, devenue
royale, tant par les dons qu'elle recevait que
par les abbesses illustres qui furent appelées
à la diriger, et parmi lesquelles il convient
de citer Mmes de Rasilly, de Cambout, de
Coislin, de Scépeaux, etc., fut bientôt pourvue
de nombreux prieurés. Mais une communauté
d'ermites, dont Robert d'Arbrissel était le
chef, étant venue s'installer dans les bâtiments
mêmes de l'abbaye, les désordres de toutes
sortes qui en résultèrent conduisirent bientôt,
au départ des ermites d'abord, et ensuite à
une réforme, qui se fit en 1618, par la haute
autorité de l'abbesse Françoise Roy. Il n'y eut
plus alors qu'un seul curé.

De cette abbaye célèbre, incendiée par les

chouans en 1793, il ne reste plus que des
ruines dont une partie, restaurée, sert de
mairie, en même temps que d'école communale de garçons. Plus loin, et du même côté,
sont les ruines du cloître, ainsi que les restes
des vergers, des jardins, de la terrasse, et
d'une fuie à coupole du xvie s. En face, et
de l'autre côté de l'ancienne cour, qui aujour-
d'hui forme une rue, on remarque tout particulièrement le portail plein-cintre du loge-
ment des aumôniers et de l'évêque, avec
porte à panneaux triangulaires décorés de
moulures, ouvrant sur un grand escalier de
pierre voûté en berceau.

L'église paroissiale (Saint-Pierre) édifiée
en 1640 par l'abbesse Françoise Roy, et reconstruite en 1860, se compose d'une seule
nef, avec chapelle de la Vierge et de saint
Charles dans les bras du transept. Au milieu
du chœur, décoré d'un joli vitrail représentant saint Pierre (de *Thierry d'Angers*) et des
statues modernes des *quatre évangélistes*, est
un élégant autel à compartiments, richement
enluminé azur et or, et surmonté de belles
statues. Sur l'un des côtés se trouve la chaire,
en bois sculpté ; et en face une *crucifixion* de
belle facture.

La Châtellenie était à *Saint-Vincent-de-Flée* et relevait de Candé ; elle appartenait au xvii° s. à la famille de Sévigné. Il y existait une chapelle qualifiée d'église au xii° s., qui a été reconstruite en 1760, et depuis restaurée ; elle est aujourd'hui en ruine.

D'autres fiefs étaient à Château-d'Orvaux, à la Lande et à Bois-Savary.

D'Orvaux, qui est dans un site ravissant, appartenait au xvii° s. à la famille Armenaud, qui le vendit en 1668 à l'abbaye de Nyoiseau. En 1835, le domaine fut acquis par M. Duprez, qui remplaça le vieux manoir seigneurial par un joli château moderne, qu'a remanié et agrandi M. Colin, son successeur. Ce charmant domaine appartient actuellement à M. le baron de Vaux.

La Lande, avec château et chapelle, dans la paroisse de Saint-Aubin, a appartenu pendant les xvi° et xvii° s. à la famille de Cheverue, et plus tard aux familles d'Armaillé et de Beauregard. Le manoir principal s'appelait, au xviii° s., *La-Court-de-la-Lande*. Le domaine appartient actuellement à la famille de Beauregard.

Bois-Savary, également autrefois de la paroisse de Saint-Aubin, appartint au xv°

4.

et xvi° s. à l'antique et noble famille de
la Faucille. Le manoir a été transformé en
ferme, et le domaine appartient actuellement
à la famille O'Madden, propriétaire du château de la Faucille (Hôtellerie-de-Flée.)

SAINT-SAUVEUR-DE-FLÉE, commune
de 541 hab. sur la rive gauche de la Sazée, à 53 m. d'altitude, et 1 kilom. de
Segré.

L'église fut donnée en 1120, par un seigneur
de Molière (Chemazé), à l'abbaye de la Roë,
qui y établit un prieuré-cure, dont l'habitation
n'a été détruite qu'en 1845. Vingt années plus
tard, l'église subit elle-même une transformation qui ne laisse subsister de l'œuvre primitive que les traces de ses anciennes fenêtres
romanes. Les hôtels de la Vierge et de saint-
Joseph sont du milieu du xviii° s. Au fond
du chœur, est le grand autel, décoré d'une
assomption moderne, et de *deux statues* du
xviii s.

Le siège de la seigneurie de paroisse était
à *Bouillé-Théval* (Montguillon), et les fiefs
étaient au Houssay et au Tilleul.

Le Houssay fut de 1680 à la révolution
dans la famille de Scépeaux. Plus tard, il fut

acquis par le colonel du génie Jallot, ancien
élève de l'École polytechnique, officier de la
légion d'honneur, qui y mourut le 22 février
1860, âgé de 60 ans, et dont la fille l'apporta
en dot à M. Laumaillé qui, il y a quelques
années, le vendit à M. Lépine, tout récemment décédé. Le vieux manoir seigneurial a
été remplacé par un élégant château moderne,
de forme carrée, avec avancement au centre
et tourelles d'angles à toit pointu. Élevé sur
un plateau, d'où la vue s'étend sur tout le
pays environnant, ce petit castel est entouré
de tous les éléments de distraction et de
verdure qui font le charme de la vie de campagne.

Le Tilleul, avec manoir et chapelle, fut
jusqu'aux premières années du xv⁵ s. dans
une famille de chevaliers du même nom. Le
vieux château, tout modernisé, est de forme
rectangulaire, avec tourelle d'avancement,
en forme de cône tronqué au centre. Le
domaine appartient aujourd'hui à M. le
vicomte de Bréon, maire de la commune,
pour l'avoir hérité de son oncle, M. de la
Boussinière, récemment décédé.

Sur l'extrême limite nord de la commune,
et tout près de *Mortiercrolle*, existe un dol-

men, en partie brisé, dont la pierre supérieure mesure 3 m. 50 de longueur sur 1 m. 38 de largeur. Les cinq supports ont 1 m. 50 de hauteur au dessus du sol.

CANTON DU LION-D'ANGERS

Le canton du Lyon-d'Angers est borné : par le canton de Segré et le département de la Mayenne, au nord ; par les cantons de Candé et de Segré, à l'ouest ; du Louroux-Béconnais et nord-ouest d'Angers, au sud ; de Tiercé et de Châteauneuf à l'est. Sa superficie est de 21.336 hectares ; sa population de 11. 912 hab. et son altitude moyenne de de 60 m. Le point culminant est au plateau de Brain-sur-Longuenée (86 m.). Il est arrosé par la Mayenne et l'Oudon ; et la voie ferrée d'Angers à Segré le traverse du sud au nord.

Ce canton comprend onze communes, dont le chef-lieu, et : Andigné, Brain-sur-Longuenée, Chambellay, Gené, Grez-Neuville, la Jaille-Yvon, Montreuil-sur-Maine, la Pouëze Pruillé, Vern.

LION·D'ANGERS. — Ville, chef-lieu de canton de 2.623 hab., sur la rive droite de l'Oudon, à deux kilom, de son confluent avec la Mayenne, 14 kilom, de Ségré, et 26 m. d'altitude.

Cette commune, dont l'origine du nom reste inconnue, est, tant par sa fertilité que par les souvenirs historiques qui s'y rattachent, l'une des plus importantes de l'arrondissement de Segré.

La petite ville, coquettement assise sur la rive droite de l'Oudon, comprend une élégante rue, se dirigeant de l'ouest à l'est jusqu'à la rivière, et quatres rues traversières tombant à peu près perpendiculairement sur la première. Comme situation topographique, elle nous paraît être sans rivale parmi les villes chefs-lieux de canton du département.

Ses produits consistent principalement en céréales, pommes de terre, lin, colza, fruits à cidre, noix et châtaignes ; l'élevage des bestiaux y est actif et important ; et ses marchés hebdomadaires sont amplement fournis de volailles et de denrées alimentaires qui s'enlèvent à des prix fort rénumérateurs. Malheureusement, ses foires, naguère si prospères, et qu'une administration imprévoyante n'a su empêcher de péricliter, ne sont plus en rapport avec la situation, et les ressources exceptionnelles de la localité. Son industrie se réduit à une tannerie, deux teintureries et l'exploitation de quelques carrières de calcaire pour la construction et le pavage.

Le Lion d'Angers possède une belle mairie avec prétoire de la justice de paix ; école communale laïque de garçons ; école congréganiste de filles ; école maternelle congréganiste ; poste aux lettres et télégraphes ; percepteurs ; receveur de l'enregistrement ; receveur des contributions indirectes ; conducteur des ponts-et-chaussées ; agent-voyer cantonal ; brigade de gendarmerie à cheval ; hospice, hôpital, bureau de bienfaisance, dépôt de haras, comice agricole, courses de chevaux, société de tir, etc.

A cause sans doute de sa position au confluent de deux rivières offrant des moyens de communications et de précieuses ressources d'alimentation aux peuplades antiques, le centre primitif du Lion d'Angers dut-être au *Bec d'Oudon*, dans cette partie de l'Ile-Briand qui fut longtemps appelé le *Camp de César*, et dans laquelle on voit encore un *dolmen* ayant 5 m. 40 de longueur sur 2 m. 40 de largeur.

La petite ville (l'antique *Vicus Legionensis*), qui devait s'étendre alors sur les deux rives de l'Oudon, fut brûlée en 1085 par Foulques-Réchin. Reconstruite au xIIᵉ s. avec *Castrum*, vers nord, c'est-à-dire sur la seule rive droite de la rivière, la ville fut de nouveau, et à diverses reprises, incendiée et ruinée ; par les Bretons, en 1489 ; par les Ligueurs, en 1590 ; et sous la Fronde, en 1652.

Au xIIᵉ s., époque de la reconstruction de la ville, les bénédictins du chapitre de Saint-Maurice d'Angers, donnèrent l'église (Saint-Martin-de-Vertou) aux moines de l'abbaye de Saint-Aubin, qui en firent la chapelle du prieuré qu'ils établirent à côté, et dont il ne reste nulle trace. Une transformation complète de cette vieille église a été entreprise en 1878, et très heureusement conduite par l'architecte Dussouchay, pour ce qui est du chœur et de l'abside, qui seuls ont été refaits. Sans doute sa transformation sera continuée dans un temps plus ou moins éloigné ; mais ce ne sera point sans regret, que ceux qui ont le respect des choses des temps passés, verront

disparaître ses vieilles peintures murales,
que l'on aura pas su peut-être assez apprécier;
et tout particulièrement son vieux portail
nord, si fier dans sa simplicité, et que huit
siècles passés n'ont pu seulement ébranler !

Avant la Révolution, la ville avait un gou-
vernement particulier, et pour armes : *un écu
au champ d'or à la face de sable écartelé de
sable au pal d'or*. Elle fut incendiée à nouveau, en 1807, par les conscrits réfractaires,
conduits et dirigés par des *chefs déshonorés*,
a dit l'évêque Montault.

Le domaine, titré plus tard de châtellenie,
relevait, dès le x° s., de Craon. Il appartint
successivement, du xi° au xix° s, aux familles
de Vihiers, de Montrevault, de Candé, de
Thouars de Châteaubriand, de Montboucher
et de Charnacé.

L'île Briand, les Favories, la Forêterie, le
Mas, Sourdon, la Roche, la Roirie, l'Hommeau et la Perrière sont d'anciens fiefs.

Le domaine de l'*Ile-Briand*, l'un des plus
beaux du pays, dont dépendent soixante
hectares de prairies, des bois taillis, des fu-
taies, etc., est compris dans l'angle formé
par l'Oudon et la Mayenne qui se rejoignent

à son extrémité sud. Cette magnifique terre, propriété au xii° siècle des abbayes de Saint-Aubin et du Ronceray, appartenait au xv° siècle à la famille Briand qui lui a laissé son nom. En 1490 elle passa à la famille d'Andigné qui l'a embellie et transformée, et dont un descendant l'a vendue, en 1872, à Mme la marquise de Brissac, aujourd'hui vicomtesse de Tredern. Le château seigneurial du xvi° siècle, avec chapelle, cours, terrasses, tours à créneaux et douves vives, a été remplacé, au xviii° siècle, par le château moderne actuel, de forme rectangulaire, avec corps d'avancement au centre décoré d'un fronton encorbellé.

La terre des *Faveries*, avec château entouré de douves, étang et îlot, a appartenu, du xiv° au xviii° siècle, aux familles de la Faucille, de l'Epinay, Aubert et d'Andigné. En 1769, elle passa dans la famille Ayrault, de qui l'a acquise M. de Beauvoys, le propriétaire actuel.

La *Foreterie*, qui était en 1689 dans la famille Lemaçon, passa en 1797 dans la famille Poulain, dont le cachet d'anoblisse-

ment date de cette époque, et dans laquelle
le domaine est jusqu'à ce jour resté.

Le *Mas* appartenait au xve siècle au duc
de Rohan, et au duc de Guise au xviie siècle.
Il est actuellement la propriété de M. le baron de Cholet, aujourd'hui maire de la commune, qui l'a acquis, en 1882, de M. Gaston
du Mas.

Tout à côté du château, nouvellement reconstruit, et entouré de magnifiques bouquets
de verdure, existe un étang dans lequel,
d'après la légende, aurait été autrefois en-
glouti un château habité par une fée qui
avait des pattes d'oie.

Sourdon, avec joli château moderne dominant l'Oudon, appartient, depuis 1778, à la
famille Frédéric Poulain de la Forêterie.
L'ancien manoir seigneurial a été transformé en ferme.

La Roche, qui était en 1780 à la famille
de Lancrau, appartient actuellement à la famille Ayrault, qui y a élevé, sur la droite de
l'Oudon, un joli château moderne.

La Gonnière, avec maison noble et chapelle fut, de la fin du xvie siècle aux pre-

mières années du xvIII°, dans la famille de la
Renardière. Après la Révolution, le domaine
fut acquis par M. Parage, d'Angers, qui l'a
revendu à M. le baron Barbier, dont la petite-
fille le possède encore. L'ancien logis sert
actuellement de ferme.

La Roirie a appartenu à la famille de Clers,
au xv° siècle, et à la famille Grimaudet au
xvII°. Le domaine appartient aujourd'hui à
Mme de Voyon, née de Rochebouet. Le vieux
château des xvI° et xvII° siècles a été modernisé.

L'Hommeau est un château moderne, de
forme rectangulaire, avec façade à fronton
central sur la route de Segré. Il est la propriété de M. Hamon. Le vieux manoir sert
de ferme.

La Perrière, avec château entouré de
douves, a appartenu, pendant les xv° et
xvI° siècles, aux nobles familles de la Faucille, d'Andigné et de Jonchères. En 1895,
elle devint la propriété de la galante comtesse de Moret qui y reçut, dit-on, à maintes
reprises, le bon roi Henri. Il ne reste plus de
cet important château, témoin discret de tant

d'intimes épanchements, que le portail d'entrée et les ruines de la chapelle.

ANDIGNÉ, commune de 479 habitants, sur un petit coteau, près l'Oudon, à 7 kilomètres du Lion-d'Angers, à 7 kilomètres de Segré et 60 mètres d'altitude, traversée du sud-est au nord-ouest par la voie romaine du Lion-d'Angers à Combrée. Elle doit son nom à l'ancienne et illustre famille des *d'Andigné*, qui possédait la terre dès avant le xi° siècle, et qui, un siècle plus tard, a fondé le prieuré de Saint-Aubin d'Angers, dont il reste encore quelques traces avoisinant l'église. Au commencement du xviii° siècle, le domaine passa de la maison d'Andigné, dans la famille Ayrault de Saint-Hénis qui le possède encore aujourd'hui. Le manoir, entouré de douves, que franchit un pont défendu par deux fortes tours rondes, a été modernisé et transformé par l'adjonction de divers corps de bâtiments ; la chapelle du xv° siècle sert actuellement de hangar.

L'église (Saint-Aubin), qui, au xii° siècle, servait de chapelle à l'abbaye, en même temps que d'église paroissiale, a été brûlée par les chouans. L'édifice, restauré, est sans intérêt. Il n'a gardé de l'œuvre primitive qu'une petite fenêtre dans la façade principale ; le portail est du xviii° siècle. Dans le cimetière on voit une croix en pierre du xv° siècle, et à l'angle d'un carrefour d'un chemin qui y conduit, une autre du xvi°. A l'entrée du bourg se trouve une petite chapelle, dite des *Vignes*, bâtie en 1719.

A une petite distance du bourg, au lieu dit le *Port aux Anglais*, on a, dans ces dernières années, construit un pont métallique sur l'Oudon.

BRAIN-SUR-LONGUENÉE, commune de 1,078 habitants, au sommet d'un ravin d'où coulent en torrent les ruisseaux de *Brionneau* et de *l'Hommée*, à 86 mètres d'altitude, 6 kilomètres du Lion-d'Angers, et 16 kilomètres de Segré.

Aucune trace antique n'a été signalée sur cette commune que couvre, sur une grande étendue vers sud, l'antique forêt de *Longuenée*. Au nord de cette forêt, et à côté de l'ancien manoir de la *Possordière*, est un ancien ermitage.

Au centre du bourg, est la fontaine que, d'après la légende, *Saint-Didier*, patron de l'église, aurait fait sourdre en frappant la terre de son bâton. Malgré les nombreuses transformations dont elle a été l'objet, l'église paroissiale (Saint-Didier) n'a ni élégance ni style accusés. Dans une niche du chœur est une statue du patron qui, pendant de longues années, y fut l'objet d'un culte vénéré et d'un pélérinage fréquenté. De droite et de gauche sont deux chapelles, avec vitraux de *Saint-Adolphe* et de *Sainte-Claire*, et les autels de Saint-Jean-Baptiste et de la Vierge.

La cure, composée pour partie d'un ancien logis de 1762, autrefois entouré de douves, est une charmante et agréable habitation. Dans le cimetière existe une chapelle construite en 1640, et restaurée en 1860.

La seigneurie de paroisse, qui était au xiv⁰ siècle dans la maison de Juigné, passa, en 1651 dans la famille de la Beuvrière (Grez-Neuville).

Le fief était à *Montergon* qui appartient, depuis 1731, à la famille de Mauvif, dont l'un des membres, M. Mauvif de Montergon, est aujourd'hui propriétaire du domaine, et maire de la commune. Le vieux manoir seigneurial a été remplacé, en 1833, par un magnifique château, de style renaissance (xvi° siècle), entouré de servitudes et de dépendances qui en font une belle et agréable résidence.

CHAMBELLAY, commune de 713 habitants, sur la rive droite de la Mayenne, à 57 mètres d'altitude, 10 kilomètres du Lion-d'Angers, et 16 kilomètres de Segré, ne possède ni foires ni marchés.

Le bourg, naguère encore composé de vieux logis, irrégulièrement bâtis, à lucarnes et pignons écussonnés, a été complétement modifié, au cours de ces dernières années, par l'élargissement et le nivellement de la rue principale qui descend, du couchant au levant, jusqu'à la Mayenne que traverse un beau pont en pierre, de cinq arches, construit de 1867 à 1870.

Aucune trace celtique n'a été signalée sur son territoire ; mais les nombreux débris de briques à rebord, de tessons en terre rouge et noire et de marbres étrangers que l'on y a

rencontrés, sont des indices à peu près certains qu'un établissement gallo-romain a dû
y exister. Des auteurs autorisés y placent,
au lieu dit : *les Hauts-Châteaux*, la villa
Cambriliacus d'où *Charles le Chauve* aurait,
en 880, concédé une charte à l'abbaye de
Saint-Maure-sur-Loire.

L'église (Saint-Aubin), donnée en 1098,
par le seigneur de l'endroit, Gaubert de Saucogné, à l'abbaye de Saint-Aubin d'Angers,
qui établit tout à côté un prieuré, a été reconstruite en 1858. Le nouvel édifice est à
nef unique de cinq travées, suivie d'un transept et d'un chœur hexagonal décoré de jolis
vitraux modernes. L'ancien prieuré, restauré
et transformé, sert aujourd'hui de presbytère.

La seigneurie, qui au xiv° siècle portait
le titre de châtellenie, fut aux xi° et xii° siècles dans une famille de chevaliers du même
nom. Au xiii° siècle elle passa dans la puissante maison de Montalais qui la revendit,
en 1710, à la famille de Racappé, dans laquelle elle s'éteignit vers la fin du xviii° siècle. Il ne reste aucune trace du château féodal depuis longtemps disparu.

Les fiefs étaient au Bois-Montboucher, à la Régale, aux Aillées et à Beauregard.

Le magnifique domaine de *Bois-Montbou-cher* donna son nom, jusqu'au XVIᵉ siècle, à une famille noble éteinte. Dans les premières années du XVIIIᵉ siècle, la terre entra dans la famille Girard de Charnacé, qui la possède encore, et dont l'un des membres est actuellement maire de la commune de Chambellay. Le château actuel, élevé sur un étang, et tout récemment restauré, est des XVᵉ et XVIᵉ siècles. Il est meublé avec autant de richesse que de goût artistique, et il renferme une très remarquable galerie de tableaux de famille. La chapelle, du XVIᵉ siècle, restaurée au XVIIᵉ siècle, est décorée de très jolis vitraux de ces mêmes époques.

La Régale, qui s'élève à l'entrée ouest du bourg, est une coquette habitation composée pour partie d'un vieux logis du XVIᵉ siècle, et pour autre partie de constructions modernes. Les servitudes sont établies dans de vastes bâtiments modernisés ayant fait partie du manoir primitif. L'immeuble appartient à M. de Charnacé du Bois-Montboucher.

Les *Aillées* ont appartenu à la famille d'Andigné de Mayneuf depuis le xvi° siècle. Vers 1872, après la mort de M. d'Andigné, le domaine a été acquis par M. de Villette, dont la veuve le possède aujourd'hui. Le château moderne qui a remplacé l'ancien logis, depuis longtemps disparu, est placé sur un coteau très élevé du haut duquel on domine la Mayenne sur une longueur d'environ 4 kilomètres. Une chapelle a été ajoutée au château il y a environ une douzaine d'années. Lors des fouilles qui ont été faites pour la construction du château actuel, on a retrouvé les fondations des quatre châteaux déplacés.

Beauregard, appartint aux xvi° et xvii° siècles à la famille de Rallay. Le logis, à tourelle engagée à toit pointu, sert aujourd'hui de ferme.

GENÉ, commune de 512 habitants, au milieu d'une vaste plaine sans vallée ni cours d'eau, à 8 kilomètres du Lion-d'Angers et 10 de Segré, doit toute sa richesse à son abondante production de froment et de fourrages naturels.

La vieille église (Saint-Pierre et Saint-Paul), que ses fenêtres romanes font remonter au xi⁰ siècle, est dépourvue de tout intérêt d'art. Au fond de son antique chœur, on voit une *Assomption* de Mᵐᵉ de Bossoreille ; et sur les côtés, des statues du xviiiᵉ siècle.

En 1231, Gené a été pris et ruiné par les Anglais ; et en 1821, un trésor de pièces d'or de la ligue, ainsi que deux gobelets d'argent ciselé, ont été trouvés dans un jardin du bourg.

La châtellenie de paroisse avait pour siège, au xviiᵉ siècle, le logis de *Saint-Pierre*, encore existant, et les fiefs étaient à Ribou et à Valencourt.

Ribou appartint successivement, pendant les x⁰ et xiᵉ siècles, aux familles de Villeprouvée, d'Orvaux et d'Andigné. En 1748, il fut vendu par les d'Epinay à la famille de Bossoreille, dont l'un des descendants le possède actuellement. Le vieux manoir seigneurial, tout modernisé et transformé, forme un rectangle à haut toit central en forme de cône tronqué, avec deux pavillons à fronton en avancement. Une chapelle y a été ajoutée en 1844.

Valencourt, avec château du xviii° siècle, appartient à M. de Baracé.

Vers le milieu du bourg, se trouve l'ancien logis de *la Fuie*, modernisé par son ancien propriétaire, M. Hilaire, récemment décédé, qui a réuni à son domaine les plus belles terres de l'ancienne seigneurie.

GREZ-NEUVILLE, commune de 1,191 habitants, sur les deux rives de la Mayenne, à 3 kilom. 700 m. du Lion-d'Angers et 18 kilom. 300 m. de Segré, possède quelques bons vignobles. Formée de deux bourgs, *Grez* sur la rive gauche, et *Neuville* sur la rive droite de la Mayenne, où se trouvent de beaux ouvrages hydrauliques formant écluse, cette commune offre, du haut de Grez, une magnifique vue sur ce fleuve et sur ses rives.

La paroisse de *Neuville* (Saint-Martin-de-Vertou), est plus ancienne d'un siècle que celle de Grez (Saint-Jacques), qui ne fut constituée qu'en 1122, et par autorisation spéciale du seigneur de Neuville. Les deux paroisses furent ensuite données à l'abbaye de Saint-Serge d'Angers, qui établit un prieuré à Grez. Neuville, principal contre, réunit aujourd'hui les deux paroisses.

L'église Saint-Martin-de-Vertou, récemment restaurée, se compose d'une nef unique, lambrissée en carène de navire, suivie d'un chœur à croisées ogivales et abside ronde, l'un et l'autre enluminés et dorés du haut en bas. Au fond de l'abside, est un riche et élégant autel, à colonnes de marbre, datant de 1704.

La châtellenie de *Neuville* relevait du Lion-d'Angers, et appartint pendant les xvie et xviie siècles à la famille d'Avaugour. En 1660 le domaine entra dans la famille de Laval, qui le vendit en 1740 à la famille Leroy de la Potherie.

La Beuvrière est un ancien fief qui appartint du milieu du xvie siècle au milieu du xviiie siècle aux d'Orvaux, dont une descendante l'apporta par mariage dans la famille de Terves, qui la possède encore, et dont l'un de ses membres, le propriétaire actuel du domaine, est aujourd'hui député. Le vieux manoir seigneurial a été tout récemment remplacé par un très joli château moderne, entouré de verdure, et avantageusement pourvu d'une magnifique pièce d'eau.

La châtellenie de *Grez* relevait pour partie de Sautré (Fenou), et ses fiefs étaient à la Grandière et à la Violette.

La Grandière a donné son nom à la vieille famille noble qui la possède depuis le xviii° siècle. Il ne reste plus du vieux manoir seigneurial que le portail d'entrée, flanqué de deux tourelles assez bien conservées. Le château moderne qui l'a remplacé, a été commencé avant la Révolution, et n'a été terminé qu'en 1860. C'est à la famille de la Grandière que la paroisse doit l'élégante église qui a remplacé la chapelle du xii° siècle et domine la côte, ainsi que l'école des filles dont elle est dotée.

La Violette était au xvii° siècle dans la famille Bucher de Chauvigné. Le domaine, avec château moderne, appartient actuellement à M. Cady, d'Angers.

LA JAILLE-YVON, commune de 616 habitants, entre deux affluents de la Mayenne, à 80 mètres d'altitude, 14 kilomètres du Lion-d'Angers et 18 de Segré, possède du minerai de fer et une ardoisière.

Le bourg, bâti sur la crête de l'une des plus hautes côtes qui bordent la Mayenne, paraît remonter au xi° siècle. On y arrive par une route à pente rapide et sinueuse, offrant à la vue du voyageur émerveillé, des fonds de verdure et des mouvements de terrain aussi charmants que variés.

L'église (Saint-Loup), qui fut sans doute la chapelle du château primitif, a été brûlée par les chouans en 1793. L'édifice plusieurs fois restauré est insignifiant.

Au nord de l'église existe une *Motte*, d'environ dix mètres de hauteur, qui dut être l'emplacement du donjon féodal du xi° siècle. Du côté opposé existe encore un vieux logis du xvi° siècle, dit *le Port*, ou *la Cour du Port*, qui dut faire partie du château seigneurial de cette dernière époque.

La terre de la Jaille était au xii° siècle dans la maison d'Yvon, qui lui donna son nom. Plus tard, elle forma une châtellenie, relevant de Châteaugontier, qui s'éteignit en 1769.

Les fiefs étaient au Plessis, à la Guyonnière, à Cussé et à l'Oucheraie.

Le Plessis, sur la crête du coteau, avec vue

sur la Mayenne fut dans la dernière moitié
du xviii° siècle, dans la famille de la Grandière. Le domaine appartient aujourd'hui à
Mme Duvigneau. Le manoir, tout modernisé,
se compose de deux corps de bâtiment en
équerre, avec pavillon carré flanqué d'une
tourelle.

La Guyonnière, qui n'est séparé du bourg
que par un petit bois, et dont le coquet château moderne domine toute la vallée de la
Mayenne, appartient à Mlle de Cintré, de
Châteaugontier, et est actuellement habité
par Mme veuve Guillaume de Messey.

L'Oucheraie est un ancien fief de la famille
Armenaud, au xviii° siècle. Le vieux manoir
a été remplacé par un joli château moderne
surmonté d'un clocheton. M. le comte de
Messey, propriétaire actuel du domaine, y a
créé un magnifique vignoble donnant de
bons produits.

Cussé, avec seigneurial et chapelle, était au
xvii° siècle dans la famille de Cheverue. Le
domaine, avec château moderne, appartient
actuellement à M. le comte de la Tesllaye.

MONTREUIL-SUR-MAINE, commune de 779 habitants, entre la Mayenne et l'Oudon, à 3 kilomètres du Lion-d'Angers, 17 kilomètres de Segré et 42 mètres d'altitude. Sous le bourg, les eaux de la Mayenne font mouvoir deux importantes minoteries.

Vers 1110, l'église fut donnée par Ingelger, seigneur de Chambellay, à l'abbaye de Saint-Aubin d'Angers, qui établit tout à côté un prieuré, dont les bâtiments ont été tout récemment reconstruits ou restaurés.

Au xvi° siècle, le prieur, déjà seigneur de de la paroisse, prit le titre de baron. L'église, de construction récente, se compose d'une vaste nef avec transept décoré de jolis vitraux aux armes des donateurs. Les murs sont entièrement recouverts de boiseries faites et données par un ancien curé de la paroisse, M. l'abbé *Gaultier*.

Les fiefs étaient à la Touche, et à la Chouannière.

La Touche est un ancien fief des de Saint-Offange au xvi° siècle, et de Lavocat au siècle suivant. Acquis en 1784 par la famille

Moreau, le domaine appartient aujourd'hui à
M. Queruau-Lamerie. Le vieux logis, à haut
toit en cône tronqué, est encore entouré de
larges douves.

La Chouannière, qui fut au milieu du
xvi° siècle au prêtre Landévy, et en 1703 à
la famille Michel Bonneau, appartient aujourd'hui à Mme veuve Moreau. Le vieux logis,
transformé en ferme, a été remplacé par un
coquet château moderne à toits pointus et
girandoles.

Au *Poirier*, existe un élégant château moderne appartenant à M. Brouard, actuellement maire de la commune.

LA POUÈZE, commune de 1,368 habitants, au bas d'une colline qu'entourent les
deux sources du Brionneau et de l'Erdre, à
72 mètres d'altitude, 12 kilomètres du Lion-
d'Angers et 16 kilomètres de Segré, en partie
couverte par la forêt de Longuenée. Son
industrie consiste dans ses carrières d'ardoise
qui, bien qu'ayant perdu une partie de leur
ancienne importance, n'occupent pas moins
aujourd'hui encore de deux cents ouvriers.
Près du bourg existe un *tumulus*, d'envi-

ron 16 mètres de diamètre sur 15 mètres de
hauteur, dit *Motte de la Villenière*, qui dut
être la place du *Castrum*, ou château-fort,
pris et détruit en 1100, par Geoffroy-Rorgon.

L'église (Saint-Victor), qui fut sans doute
la chapelle du donjon, a été reconstruite en
dernier lieu en 1865. L'édifice actuel, en
style gothique, est vaste et élégant. Le
chœur, à cinq pans coupés, et le transept à
haute voûte, sont tout particulièrement
dignes d'être remarqués.

Au xve siècle, l'église (Saint-Victor) avait
pour annexe la chapelle *Sainte-Émérance*,
élevée en 1472 par le superstitieux Louis XI,
qui crut devoir attribuer à l'intercession de
la sainte, sa guérison de coliques dont il
avait été atteint pendant une partie de chasse
au *Plessis*. Non seulement, dans son élan de
reconnaissance, le monarque combla la
chapelle de ses libéralités, mais encore il
affranchit la paroisse de tous subsides pendant dix ans, et il en donna la seigneurie à la
cure. Le siège du fief était au manoir d'*Ar-
quenay*, au sud-est de l'église. Pendant de
longues années, Sainte-Émérance resta l'objet d'un pélerinage très fréquenté, le 23 jan-

vier. La chapelle, plusieurs fois restaurée, et aujourd'hui en ruines, n'offre plus qu'un fort médiocre intérêt.

La Villenière est un ancien fief qui appartint pendant la deuxième moitié du xviiie siècle, à la maison de Talourd. En 1810, le domaine fut acquis par M. Duponceau, qui a remplacé le manoir seigneurial par le joli château moderne actuel, formé de trois parties rectangulaires, avec fronton dans celle du centre. Cette belle habitation appartient depuis 1872 à M. de la Rochebrochard.

Les seigneuries d'*Armaillé* et de l'*Anjouère*, qui au xviiie siècle furent dans la maison de Terves, n'existent plus. *Saint-Barthélemy* et *Gévrant* sont d'anciens centres avec églises. Il n'en reste plus qu'une chapelle avec autel du xviie siècle.

PRUILLÉ, commune de 574 habitants, sur un côteau de la rive droite de la Mayenne, à 67 mètres d'altitude, 8 kilom. 200 m. du Lion-d'Angers, et 28 kilom. 700 m. de Segré. Le bourg, formé de pauvres logis, pour la plupart antiques, est élevé sur la crête du coteau, d'où l'on a une vue admirable sur la vallée de la Mayenne.

L'église, du xɪᵉ siècle, récemment restaurée, n'a de remarquable qu'une fenêtre à meneaux de pierre, avec vitrail de *Truffier*, et une *Visitation*, donnée par M. Louvet, ancien député.

Les fiefs seigneuriaux étaient à la Chesnaie et aux Grandes-Maisons. *La Chesnaie* fut dans une famille du même nom du xvɪᵉ au xvɪɪɪᵉ siècle, puis dans celle des Leroy de la Potherie, dont un membre, M. Leroy de Neuville, se fit remarquer, au commencement de ce siècle, par ses œuvres de bienfaisance et ses libéralités. L'élégant château moderne, qui a remplacé l'ancien manoir, appartient aujourd'hui à Mᵐᵉ Albert Mayaud, de Saumur, née Louvet.

Le château des *Grandes-Maisons* a été récemment reconstruit par M. du Joncheray, dont le fils, actuellement maire de la commune, le possède et l'habite. Il ne reste de l'ancien manoir que les servitudes et les deux pavillons d'entrée.

VERN, commune de 1,969 habitants, sur

le ruisseau de l'Hommée, à 55 mètres d'altitude, 10 kilom. 800 du Lion-d'Angers, et
11 kilomètres de Segré, est un centre antique.

Le bourg, traversé par deux routes qui
s'y entrecroisent, s'est complètement transformé, depuis une trentaine d'années, par
son industrie et son activité. L'agriculture y
est en progrès, et l'exploitation de ses carrières, de ses fours à chaux et de ses briqueteries, y occupe un grand nombre d'ouvriers.

L'église du xi⁰ siècle, plusieurs fois agran-
die et restaurée, a été remplacée en 1875,
par l'édifice monumental que l'on voit
aujourd'hui, et qui se compose intérieurement de trois nefs de trois travées, d'un
transept avec chœur de deux travées, d'une
abside à cinq pans coupés, et deux absidioles
renfermant les autels de la Vierge et de saint
Joseph. L'abside et les absidioles sont décorées de beaux vitraux dont l'un, celui de la
chapelle de la Vierge, est signé : *Truffier et
Martin.*

Le fief, déjà important au xi⁰ siècle, avait
son centre au lieu dit, aujourd'hui encore,
la *Cour de Ver*, la plus grosse ferme du

pays, où se voit encore l'importante *Motte*
féodale. Plus tard, il fut érigé en châtellenie
au profit de la puissante famille des Montalais qui le garda pendant plus de deux
siècles; et en 1745 le domaine passa au
maréchal de Contades, déjà seigneur de la
Lucière, dont le château a complètement
disparu. La Cassinerie et la Tesnière sont
d'anciens fiefs. Le château de la *Cassinerie*,
transformé en ferme, garde encore de
curieuses traces d'architecture des xviiᵉ et
xviiiᵉ siècles. Près de l'emplacement qu'occupait l'ancien château de la *Tesnière*, existe
une chapelle du xviiᵉ siècle.

A une faible distance du bourg, s'élève le
château moderne de *Bois-Lozé*, précédé
d'une vaste pelouse, avec belle grille d'entrée,
qui appartient actuellement à M. le comte
de Lozé.

CANTON DE CANDÉ

Le canton de Candé est borné, au nord,
par les cantons de Pouancé et de Segré; à
l'ouest, par le département de la Loire-Infé-

rieure et le canton du Louroux-Béconnais, et
à l'est par le canton du Lion-d'Angers, Il est
arrosé par l'Argos, qui y prend naissance, le
Don, l'Erdre, le Croisset, le Fief-Briant, le
Grand-Gué et la Mandie. Sa superficie est de
de 22,195 hectares ; sa population est de
11,531 habitants, et son sol, généralement
élevé, atteint des hauteurs de 100 à 110 mètres. La voie ferrée de Segré à Nantes, qui le
traverse du nord-est au sud-ouest, a très
heureusement favorisé son commerce et son
industrie, qui sont actifs, et résident tout
particulièrement dans les divers produits
agricoles.

Ce canton comprend six communes, dont
le chef-lieu, et : Angrie, Chazé-sur-Argos,
Freigné, Loiré et Challain-la-Potherie.

CANDÉ, ancien chef-lieu de la baronnie
de ce nom, et chef-lieu de canton depuis
1790, est une petite ville de 2,199 habitants,
assise sur un banc de schiste, au confluent
de l'Erdre, de la Mandie et du Grand-Gué, à
35 mètres d'altitude, et 19 kilomètres de
Segré. Son nom signifie confluent. Du xiie au
xvie siècle, elle porta le nom de *Candé-en-*

Lamée, c'est-à-dire dans le territoire, *Media terra*, compris entre la Vilaine et la Loire.

Son territoire, qui se bornait naguère au seul emplacement de la ville, a été porté, par suite d'annexions faites en 1835 et en 1837, au détriment de Freigné, de 39 à 79 hectares. Les débris celtiques que l'on y rencontre, et la voie romaine d'Angers à Rennes, qui le traversait, et dont on retrouve encore des traces, en font un centre antique.

Dès le xie siècle, on voit Geoffroy-Rorgon, seigneur du lieu, donner l'église à l'abbaye de Saint-Nicolas d'Angers, ainsi qu'un emplacement pour établir un *prieuré* avec église spéciale pour les moines. Puis, aidé de Raynaud d'Iré, il fortifia le château, déjà élevé sur les bords de la Mandie, et l'entoura de larges douves. Occupé en 1106 par un vassal rebelle, le château fut assiégé par Geoffroy Martel qui, sur le point de s'en emparer, fut trahi, et mourut empoisonné. En 1134, le comte Geoffroy, son frère, y revint et s'empara de la place qu'il rasa. Il ne reste plus aujourd'hui de cet important château et de son enceinte, dont on retrouvait encore des

traces au xv111e siècle, que le souvenir des
portes *Angevine*, de *Bretagne*, *Chalainaise*,
et *Rétière*.

La baronnie de Candé, dont dépendaient
6 châtellenies et 40 fiefs, passa successivement, du x11e au xv111e siècle, dans les maisons de la Guerche, de Thouars, de Dinan,
de Châteaubriand, de Montmorency, de
Condé et de Scépeaux. En 1773, elle entra
dans la famille des de Brillet, seigneurs de
Loiré, dans laquelle elle resta jusqu'à la
Révolution.

Si, par sa situation sur la limite extrème
de l'Anjou et de la Bretagne, Candé eut tout
particulièrement à souffrir de toutes nos
guerres intestines, c'est à cette situation
aussi qu'il dut l'honneur de donner l'hospi-
talité à plusieurs souverains. Philippe-Au-
guste, en 1206. Louis XI, en 1469, et Charles IX, en 1565, y ont tour à tour séjourné.

Candé fut, du xve siècle à la Révolution,
la résidence d'un grenier à sel, rebâti
en 1733, et dont les bâtiments, encore exis-
tants, ont été transformés en greniers à
grains. Il avait pour armes : *de Gueules, à
un château à trois tours d'or*.

Un hospice (*Saint-Joseph*), construit en 1673, par quatre dames charitables, sur les ruines du château, a été transféré, en 1846, dans le bâtiment élevé, à cet effet, par la ville, au moyen de legs, sur les dépendances de l'ancienne *aumônerie de Saint-Jean*, fondée à une époque très reculée, sur un terrain dépendant de la commune d'Angrie, et réuni à Candé, en 1836. Cet hôpital, avec chapelle et aumônier, contient actuellement 60 lits à l'usage des malades, et 6 destinés aux vieillards. Son revenu annuel est d'environ 30.000 francs.

L'église paroissiale (*Saint-Denis*), nouvellement reconstruite, est monumentale. On remarque tout particulièrement, à l'intérieur: une *Pieta*, une *Vierge* écrasant le serpent, des *statues d'Apôtres*, de fort jolies *clés de voûte* aux armes des anciennes familles seigneuriales, de curieux *vitraux* du XVIe siècle, et une *très belle chaire* en bois, sculptée par Perron, de Saint-Mars-la-Jaille, pour le compte de M. Gauthier d'Angers. Les stalles, une partie du tabernacle, les gradins du grand autel et les confessionnaux, sont l'œuvre de Perron, de Candé.

Le village de *Beaulieu*, réuni à Candé

en 1837, possédait, au XVe siècle, une église
et un couvent fondés par les seigneurs de
Bourmont et de la Fresnais. L'église, qui fut
l'objet d'un pèlerinage suivi jusque vers
le milieu du XVIIe siècle, a été démolie en
1840.

Malgré une résistance opiniâtre, Candé fut
occupé, en 1793, par les bandes de la
Chouannerie qui en firent l'un de leurs principaux centres jusqu'en 1796, époque à
laquelle les armées républicaines s'emparèrent de la ville.

A quelques centaines de mètres de l'extrémité est de la ville, mais sur la commune de
la Cornuaille, est le château de la *Rivière*,
ayant appartenu à M. Allain-Targé, ancien
Procureur Général, récemment décédé. Ce
beau domaine est échu en partage à Mme Mon-
taubin, épouse de l'honorable premier président de la Cour d'Appel de Rouen, et sœur
de MM. Henri Allain-Targé, député, ancien
ministre, et René Allain-Targé, directeur du
personnel au Ministère de l'intérieur.

Candé, qui est aujourd'hui pourvu d'une
belle mairie avec justice de paix et école
de garçons y attenant, possède, en outre,
école libre laïque de jeunes filles, école libre

congréganiste de garçons, école communale
congréganiste de jeunes filles, annexée à
l'hospice, école maternelle congréganiste,
notaires, huissier, percepteur, receveur de
l'enregistrement, receveur des contributions
indirectes, agent voyer cantonal, banquiers,
bureau de poste et télégraphe, brigade de
gendarmerie à cheval, bureau de bienfaisance, société de secours mutuels, société de
tir, abattoir, lavoir public, etc.

Son commerce est actif, et l'agriculture y
est en grand progrès. Il est le siège de foires
et de marchés où se traitent de nombreuses
affaires en grains et en bestiaux de toutes
sortes, ainsi qu'en denrées du pays. Son
industrie comprend : des teintureries, une
fabrique de flanelles, une fabrique d'instru-
ments agricoles, deux tanneries et une importante minoterie.

ANGRIE, commune de 1862 habitants,
entre deux affluents de l'Erdre, à 65 mètres
d'altitude, 5 kilomètres de Candé, et 17 de
Segré.

Grâce aux progrès accomplis depuis la
Révolution, et à une plus large rémunération
du travail, cette commune a subi, depuis

6.

moins d'un demi-siècle, une complète transformation. La plus grande partie des vastes
landes qui couvraient la presque totalité de
son territoire, et qui ne produisaient que de
maigres ajoncs et de misérables et chétives
bruyères, servant d'asile à un grand nombre
de lapins, a été défrichée et mise en culture.
Le produit qui en est résulté, joint à celui
provenant de l'exploitation de ses forrs à
chaux de la *Veurière*, et de ses carrières
d'ardoise de la *Boue* et de la *Grée-des-Ceri-
siers*, a apporté, dans le pays, les douceurs
d'une aisance qu'il n'avait point jusque-là
connue.

Outre l'Erdre et ses affluents qui l'arrosent,
y naissent les ruisseaux du *Grand-Gué* et du
Fief-Brillant qui forment, sous le bourg, un
vaste étang.

Sur l'un de ses mamelons, connu dans le
pays sous le nom de *Camp*, ou *butte aux
Anglais*, existe une très curieuse enceinte,
de forme circulaire, qui témoigne du séjour
prolongé qu'y firent les armées bretonnes et
anglaises au moment de nos guerres.

L'église (Saint-Pierre), donnée au xi⁰ siècle
par le pape Urbain II à l'abbaye de Saint-

Nicolas d'Angers, a été reconstruite en 1870, sous la direction de l'architecte Dusouchay. Le nouvel édifice, en style gothique, se compose d'une vaste et élégante nef de quatre travées, suivie d'une abside de deux travées, au milieu de laquelle est un élégant autel du même style. Dans les absidioles, dont les murs sont décorés du haut au bas d'élégantes peintures à la fresque, sont les autels de saint Joseph et de la Vierge. Le fond de l'abside est entouré de jolies stalles avec boiserie façon xiiie siècle. Deux vieilles statues de saint Pierre et de Saint-Paul, reposent sur des socles adossés aux piliers de soutennement du chœur.

La châtellenie, qui fut du xiiie siècle au xviiie siècle dans la maison d'Andigné, passa en 1730 à la famille Turpin de Crissé. En 1825, le domaine advint, par mariage, à M. Charles-Louis-Arthur d'Adhémar, comte de Lostanges qui, en 1851, remplaça le vieux manoir seigneurial par le superbe château moderne avec tours, fossés et chapelle que l'on voit aujourd'hui. Il renferme de nombreux portraits de famille et plusieurs tableaux signés Turpin de Crissé. Cette magnifique demeure appartient actuellement

à Mme la comtesse de Lostanges, née Elisa-
beth-Louise Turpin de Crissé, qui l'habite.

La Roche et Bois-Joulain sont d'anciens
fiefs.

La Roche, dont l'ancien manoir a été
remplacé par une simple maison bourgeoise,
est la résidence de Mme la baronne Turpin de
Crissé, mère de Mme la comtesse de Lostanges.

Bois-Joulain, qui a appartenu jusqu'à la
fin du xvi° siècle à une famille du nom, a
été transformé en ferme.

A l'entrée ouest du bourg, on voit une
chapelle de construction récente, dite *chapelle de la Croix-Poulet*, qui a dû remplacer
une ancienne chapelle du xv° siècle dans
laquelle, dit-on, les chasseurs seigneuriaux
venaient, dès l'aube, entendre la messe.

CHALLAIN-LA-POTHERIE, commune
de 2.046 habitants, sur l'Argos, qui y forme
un étang, à 62 mètres d'altitude, 9 kilomètres
de Candé et 16 de Segré, n'a pas d'origine
connue. Cette vaste et importante commune,
qui dès le xii° siècle portait le nom de *Chal-*

lain, reçut celui de *Potherie* en 1748, puis
celui de *Challain-la-Potherie*, par arrêté pré-
fectoral du 23 janvier 1826. Elle a été absolument transformée, depuis moins d'un
demi-siècle, tant par les progrès constants de
son agriculture que par les routes qui la
traversent en tous sens.

Au centre du bourg est l'église paroissiale
(Notre-Dame-de-Challain), donnée en 1428 à
l'abbaye de Nyoiseau, par Robert de Dinan,
baron de Candé, et dont Jean Hiret, historien
de l'Anjou, fut curé en 1628. Reconstruit
en 1862, en style ogival des xiie et xiiie siècles, l'édifice se compose actuellement de
trois nefs supportées par d'élégantes colonnes
cylindriques, avec chapiteaux fort gracieusement décorés, et d'un transept dans les bras
duquel sont les bancs des châtelains. A la
suite vient l'abside décorée de très jolis
vitraux. Au milieu est l'autel, aussi riche
qu'élégant; et sur les côtés sont les absidioles, de trop étroites dimensions, formant
chapelles de saint Joseph et de la Vierge.
Deux statues du *Sacré Cœur de Jésus* et de
l'Immaculée-Conception reposent sur deux
élégantes colonnes adossées aux piliers qui
séparent le transept de l'abside.

Tout à côté, s'élève le magnifique château
moderne, en style du xvᵉ siècle, construit
en 1847 par M. de la Rochefoucault, sur les
plans de l'architecte Hodé. C'est, sans contredit, l'édifice le plus considérable qui ait
été élevé dans ces derniers temps en Anjou,
et peut-être même en province. Il mesure
60 mètres de longueur sur 37 de largeur et
est flanqué, à chaque angle, d'une tour qui
domine un donjon central de 45 mètres de
hauteur. Au-devant, vers le nord, s'ouvre
une portière encadrée d'énormes tours, avec
mur d'enceinte couronné de créneaux. D'élégantes servitudes, des serres, un pavillon
avec château d'eau, une rivière que traversent
plusieurs ponts, un lac, un moulin formant
chalet, de magnifiques pelouses et un vaste
parc, viennent s'ajouter à son importance
architecturale, et au luxe de son intérieur,
pour en faire la plus charmante résidence
que l'on puisse imaginer.

La terre de Challain appartint successivement, à partir du xiiᵉ siècle, aux maisons de
Thouars, de Dinan, de Châteaubriand, de
Montsoreau, d'Espinay, de Scépaux, et enfin
de Fouquet de la Varenne, au profit de
laquelle elle fut érigée en vicomté. En 1740,

elle passa dans la famille Leroy de la Potherie, qui la fit ériger en comté en 1748, et
dont une descendante l'apporta en dot à M. le
le comte de la Rochefoucault-Bayers qui a
fait construire le château dont il vient d'être
parlé, et dans lequel il est mort le 6 janvier 1854.

La cour des Aulnais, Beauvais et le Ménil
sont d'anciens fiefs.

A la *cour des Aulnais*, se trouvent les
ruines, couvertes de lierre, d'un vieux manoir
fortifié par la maison de Beauveau, vers
1590, et qui servit de retraite aux chouans
en 1792. Le domaine appartient actuellement
à M. de l'Esperonnière, et la chapelle seigneuriale encore debout, sert de grange.

A *Beauvais*, sont les restes, sous forme de
ferme, d'une ancienne maison noble, au
xvie siècle, des d'Andigné qui possèdent
encore la terre.

Le *Ménil* a appartenu, du xvie au
xviiie siècle, aux familles de Villeprouvée,
Brillet de Candé et Voiré. Le château, reconstruit en 1790, et auquel on arrive par de
magnifiques allées sous bois, est aujourd'hui
la propriété de M. de Villemorge qui l'habite.

Près du bourg, on retrouve, dans un grand bâtiment rectangulaire du xviie siècle, les restes d'un *couvent des Carmes réformés*, fondé en 1614 par le vénérable Thibault, né à Saumur, supérieur des Carmes de Rennes, et Françoise Roy, abbesse de Nyoiseau. Ce bâtiment a été vendu récemment, par Mlle Lenoir d'Angers, à M. de la Rochefoucault dont il bordait la propriété.

CHAZÉ-SUR-ARGOS, commune de 1,547 habitants, sur la rive droite de l'Argos, près l'étang de la Biscaye formé par l'un de ses affluents, à 40 mètres d'altitude, 14 kilomètres de Candé et 8 de Segré. Son commerce en blés, châtaignes, pommes à cidre, fourrages et bestiaux est important ; mais son industrie est à peu près nulle. Longtemps réfractaire au développement de l'enseignement primaire, cette commune n'a su que tardivement profiter des avantages dont la nature l'a favorisée, et que le progrès pouvait seul faire fructifier. C'est la patrie de Jean Hiret, curé de Challain, en 1628, et auteur des antiquités d'Anjou, sous forme d'annales.

L'église (Saint-Julien) donnée au xiiie siècle

à l'abbaye de Saint-Georges-sur-Loire, a été complètement transformée par l'adjonction à son unique nef, de deux bas côtés avec chapelles et du chœur. Deux lourds piliers portent le clocher carré, à l'intérieur duquel on arrive par une tour. Le presbytère est établi dans l'ancien prieuré. A environ un kilomètre de l'extrémité est du bourg, existe une chapelle du xviie siècle, dite de la *Croix-Marie*, qui fut autrefois un lieu de pélérinage suivi.

La seigneurie de paroisse, qui en 1637 était disputée entre les seigneurs de Raguin et de Bellefontaine, passa quelques années plus tard à la maison de Gohin-Montreuil, qui mit fin aux contestations, en réunissant les deux châteaux en une même main. Le château de *Bellefontaine* a été détruit au temps des guerres de religion. L'opulent château gothique de *Raguin*, qui fut aux Guy de Bellay au xviie siècle, et à la famille de Contades au siècle suivant, a été complètement transformé et dénaturé par les diverses restaurations dont il a été l'objet. Il ne présente plus aujourd'hui d'autres traces du luxe royal qui a dû présider à sa construction et

7

à sa décoration, que deux très curieuses
chambres admirablement peintes en grisaille
sur fond or. Il appartient actuellement à
M*me* de Plouër qui l'habite.

Aux *Peltrais*, M. Camille Parage a tout
récemment fait construire un fort joli petit
château moderne qu'il habite.

FREIGNÉ, commune de 2,193 habitants,
sur la rive gauche de l'Erdre, à 40 mètres
d'altitude, 7 kilomètres de Candé et 26 de
Segré, a une superficie de 6,676 hectares.

Au nord-est de son territoire, près *Benne-
fraie*, dans un endroit où l'Erdre forme une
vallée aux sites les plus charmants, s'élèvent
deux *peulvans* bien conservés. Sur cette
même rive droite de la rivière, on voit encore
les traces d'une voie antique sur laquelle on
a trouvé de nombreuses pièces de monnaies
romaines.

La terre de Freigné fut donnée en 1123,
par Louis le Gros, à l'évêché de Nantes. La
cure n'était alors qu'une vicairie du prieuré
de *Saint-Pierre* et *Saint-Paul*, dépendant lui-
même de l'abbaye de *Saint-Gildas* qui y possédait encore ceux de *Saint-Germain* et de

Beaulieu. Il ne reste de ces anciens pri... rés que quelques ruines servant aujourd'hui de servitudes.

L'église paroissiale (Saint-Pierre) reconstruite en 1849, en style du xiiie siècle, par l'architecte Heulin d'Angers, est l'une des plus belles du pays. Le clocher, formant porche, est surmonté d'une très belle flèche en pierre. L'intérieur se compose d'une nef unique de trois travées avec transept, chœur à double absidiole, et abside à pans coupés. Il est décoré de fort beaux vitraux, aux armoiries des donateurs, et d'élégants autels richement enluminés. Les murs des absidioles sont en outre recouverts de remarquables peintures par M. Robert d'Angers. L'ancien manoir de *Ghaines* sert actuellement de cure. Sur la fenêtre centrale on lit : « 1565, *Turris fortitudinis* ».

La seigneurie, qui au xve siècle portait le titre de châtellenie, était à *Bourmont.* Au xviiie siècle, elle fut érigée en baronnie, au profit d'une famille de ce nom, dont l'un des membres fut créé maréchal de France, par Charles X, en 1830, à l'occasion de la conquête d'Alger. Le château des xviie et

xviiie siècles, à plusieurs reprises brûlé par
les chouans, et aujourd'hui en ruines, est
entouré de douves. Un parc de près de
100 hectares, et entouré de murs, y attient.
Dans l'un de ses salons sont conservés,
outre les portraits et bustes des membres de
la famille, de nombreux et très curieux objets
d'art, français et étrangers, lui ayant appartenu.

Un autre centre seigneurial important, et
dont il ne reste plus de trace, était à *Breil*.
La terre appartint à une famille du nom
jusqu'au xvie siècle. En 1619, elle passa à la
maison de l'Esperonnière, déjà en possession
du fief de la *Saulaie*, qui en relevait, et qui,
aujourd'hui encore, possède les deux domaines réunis. Le château de la *Saulaie*,
brûlé en 1591 par le comte de Rochepot, fut
reconstruit au xviie siècle. On le voit encore
pourvu de ses meurtrières, et entouré de
douves à eaux vives. La chapelle a été
rebâtie en 1720.

LOIRÉ, commune de 1,684 habitants, sur
la rive gauche de l'Argos, à 53 mètres d'altitude, 8 kilomètres de Candé et 12 de Segré,
produit quelque vin.

Cette commune, essentiellement agricole,
a vu ses ressources sensiblement augmenter,
depuis un quart de siècle, par l'application
des nouvelles méthodes d'agriculture, pra-
tiquées et enseignées par M. Parage-Farran,
agriculteur distingué, mort à Angers, le
30 mars 1874.

Aucune trace antique n'a été signalée sur
son territoire ; mais, et en dehors des trois
grandes voies qui paraissent y avoir autrefois existé, certains auteurs y font tenir, à la
villa Lauriacus, le concile d'évèques que
Charles-le-Chauve aurait présidé, en 843, et
que d'autres placent à *Liré.*

L'église (Saint-Caprais et Saint-Laurent)
donnée en 1148, par l'évèque Ulger, à l'abbaye
de Saint-Serge d'Angers, qui possédait déjà
le prieuré de la Roche-d'Iré, a été reconstruite en 1868. L'édifice actuel, en style
roman, se compose d'une nef à bas côtés et
abside à six pans. Dans les absidioles sont
les autels, en stuc, de saint Joseph et de la
Vierge. Au milieu de l'abside, décorée de
vitraux, de quatre statues et de deux toiles
dont l'une représente la cène et l'autre saint
Michel, est le maître-autel également en stuc.

La seigneurie, dont le siège était au *Gué*, appartenait au XVIIe siècle aux Gabory de la Lande, qui, en 1620, firent construire le château et la chapelle. Vers la fin du siècle, la terre passa dans la famille Brillet de Candé, et tout récemment à M. de Pontbriant. Le château, qui se compose d'un assemblage de vieux logis de hauteurs différentes, mais en partie modernisés, est entouré d'élégantes servitudes et d'un vaste enclos, qui en font une jolie et agréable résidence.

La châtellenie, dont dépendait sept paroisses, était à la *Roche-d'Iré*, dans une famille du même nom jusqu'à la fin du XIIe siècle. Son *château-fort* eut à subir plusieurs assauts, et fut notamment occupé par les Anglais en 1359, et par les Bretons en 1379. Après avoir successivement appartenu aux familles de Rougé, de Rohan, de la Trémouille, d'Andigné, etc., le domaine fut acquis, en 1833, par M. Parage-Farran, qui l'a sensiblement modifié et amélioré. Il ne reste plus de l'édifice primitif que l'antique *motte*, autrefois entourée de trois rangs de douves, dont deux sont encore apparentes. La chapelle a été détruite en 1822.

La Rivière-d'Orvaux, Vallières et la Ferté
sont d'anciens fiefs.

La *Rivière-d'Orvaux* appartenait au
xvie siècle à une famille du nom. Au siècle
suivant le domaine passa dans l'antique et
illustre famille Turpin de Crissé, et tout
récemment à M. Benjamin Brulé.

Le vieux manoir seigneurial a été remplacé, en 1863, par l'élégant et coquet château
moderne que l'on voit aujourd'hui (arch.
M. Hodé).

Vallières fut du xve siècle à la Révolution
dans la famille Hellaud. Le domaine appartenait naguère au général comte de Rochebouet, ancien ministre de la guerre en 1877,
dont la fille l'a apporté par mariage à
M. Robineau de la Burelière.

La Ferté appartient depuis le xviie siècle
à la famille Brillet de Candé. Le château,
entièrement reconstruit, est entouré de taillis,
de massifs, et de riants bosquets.

CANTON DE POUANCÉ

Ce canton est borné au nord par les départements de la Mayenne et de l'Ille-et-Vilaine ; à l'ouest, par le département de la Loire-Inférieure ; au sud, par le canton de Candé, et à l'est, par celui de Segré. Sa superficie est de 24,767 hectares ; sa population, de 13,446 habitants, et sa hauteur moyenne de 76 mètres. Son point culminant est au plateau de Vergonnes (108 mètres).

Il est arrosé, vers ouest, par la Verzée, dont les sources alimentent plusieurs beaux étangs et, au nord-est, par l'Araize. Le chemin de fer de Segré à Saint-Nazaire le traverse dans sa plus grande étendue, du sud-est au nord-ouest. Ses produits sont essentiellement agricoles, et son industrie est limitée à des fours à chaux, à des tuileries et à l'ardoisière de Misengrain.

Il comprend quatorze communes, dont le chef-lieu, et : Armaillé, Bouillé-Ménard, Bourg-l'Évêque, Carbay, la Chapelle-Hullin, Chazé-Henri, Combrée, Grugé-l'Hôpital,

Saint-Michel-et-Chanveaux, Noëllet, la Prévière, le Tremblay et Vergonnes.

POUANCÉ (chef-lieu de canton), ville de
de 3,502 habitants, sur la Verzée, qui y
forme plusieurs vastes étangs, à 90 mètres
d'altitude et 24 kilomètres de Segré.

La petite ville de Pouancé, ancienne *villa*
fortifiée, au xie siècle, a été absolument
transformée par les voies qui y ont été
ouvertes depuis moins d'un demi-siècle, et
sur les bords desquelles on a élevé de belles
habitations modernes, des hôtels élégants,
voire même de coquets petits châteaux. Ses
rues étroites et sombres, aux logis à meneaux
et à pignons de bois, tendent chaque jour à
disparaître.

Aux abords de la place principale, se
trouvent : vers ouest, un remarquable porche
ogival, surmonté d'un haut beffroy du
xve siècle, qui fit partie de l'enceinte du château féodal ; et, vers est, l'église (la *Madeleine*), qui en fut la chapelle, et qui est
aujourd'hui église paroissiale.

Le territoire se partage en deux paroisses :
Saint-Aubin, pour la partie nord et la plus

grande partie de la campagne, et la Madeleine, pour la ville et la partie sud.

Le centre primitif dut être à *Saint-Aubin*, dont l'église, donnée en 1100, par l'évêque d'Angers, aux moines de Marmoutiers, resta église mère jusqu'à la Révolution.

L'église de la *Madeleine*, élevée à la fin du XI° siècle, a été érigée en succursale de Saint-Aubin en 1704, et en cure en 1770. L'édifice, agrandi et transformé en 1820 et en 1860, n'offre aucun intérêt d'art. Sa nef centrale, voûtée en berceau, est suivie d'une abside, décorée de vitraux, et éclairée par un œil-de-bœuf produisant un mauvais effet. Au-dessus de l'autel est un grand calvaire dont la Madeleine étreint le pied ; de chaque côté sont les statues de la Vierge et de Saint Jean.

Tout à côté, sont les magnifiques ruines, en partie couvertes de lierre, de l'antique château féodal. Les débris de onze tours, avec herse, pont-levis et larges douves, transformées en culture, et en partie habitées, se voient encore, reliant les murs de la première enceinte. A l'ouest, et au bas de ces restes imposants, est le vaste étang de *Saint-Aubin*, d'une superficie de 56 hectares, en

communication, vers sud, par la Verzée,
avec le vaste étang de la *Forge* ou de *Tressé*.

Dès les premières années du xiᵉ siècle, le
château formait une place de guerre importante. Il dut à sa position, sur les limites de
l'Anjou et de la Bretagne, d'avoir à soutenir
plusieurs sièges importants. En 1065, Syl
vestre de Pouancé, le premier dont on ait
connaissance, y fut assiégé par Conan II,
duc de Bretagne. Sylvestre, voyant qu'il ne
pouvait résister à un ennemi aussi puissant,
se rendit, et Conan le fit son chancelier.
Gaultier Hay, petit-fils de Sylvestre, fonda,
en 1094, l'église et le prieuré de la Madeleine. Jeanne de la Guerche, fille de Geoffroy III, petit-fils de Hay, porta la terre de
Pouancé à Jean Iᵉʳ, comte de Beaumont, de
la maison duquel elle passa en celle de Cha-
maillard, puis dans la branche royale d'Alençon, qui la céda, en 1379, à Bertrand
Duguesclin. Dans la même année, le château
fut de nouveau assiégé, et Bertrand Duguesclin fut fait prisonnier par Jean V, duc de
Bretagne, qui ne restitua la place qu'au
cours de l'année suivante, par le traité de
Guérande. La terre passa alors dans la

maison de Penthièvre, dont une héritière
l'apporta en dot à Jean de Valois, comte
d'Alençon. En 1432, les Bretons investirent
de nouveau la place, mais sans pouvoir s'en
emparer. De leur côté, les Anglais, commandés par Sommerset, en firent le siège en
1443, sans plus de résultat. Après un long
siège et d'inutiles assauts, ils furent obligés
de se retirer.

La baronnie de Pouancé, dont la juridic-
tion s'étendait sur onze paroisses, avait pour
armes : *de gueules à deux léopards d'or*. Elle
passa, en 1562, dans la maison de Cossé-
Brissac, dont l'un des membres rétablit, en
1655, l'établissement métallurgique, qui avait
dû y être très actif aux siècles précédents, si
on en juge par les nombreux amas de scories
qui couvrent le pays. Cette industrie a de
nouveau disparu en 1860. En 1678, la baronnie entra dans la maison du duc de Villeroy,
qui la garda jusqu'à la Révolution. Et, en
1819, le domaine fut acquis par M le marquis
de Préaulx, l'un des descendants, dit-on,
des premiers seigneurs du lieu.

Le siège de la seigneurie de Saint-Aubin
était à *Dangé*, qui, au XVIIIe siècle, appartint

aux familles d'Armaillé et de Lancreau.
Depuis la Révolution, le domaine a successivement appartenu à MM. de Livonnière et
de Villoutreys, qui ont l'un et l'autre fait
restaurer le château.

A la place du vieux manoir de *Tressé*,
ancienne dépendance du château, à environ
un kilomètre de la ville, à mi-côte, et au
milieu d'un vaste et beau parc, artistement
dessiné et aménagé, M. le marquis de Préaulx
a fait élever, en 1848, un magnifique château,
style Louis XIII, dit *château de Pouancé*.
L'édifice, de forme rectangulaire, est encadré
de deux élégants pavillons avec tourelles.
La façade sud est précédée d'une belle et
vaste terrasse, décorée d'une jolie balustrade
ajourée, d'où la vue plonge sur de splendides
prairies, bordant le vaste étang des Forges,
pour se perdre ensuite dans le plus admirable
des horizons. A l'intérieur, on remarque un
large escalier central, orné de colonnes, et
revêtu de marbres variés ; d'élégantes boiseries et de magnifiques plafonds en chêne
sculpté ; quelques portraits de famille et de
fort belles peintures.

A une faible distance du château s'élève,

au milieu de bouquets de verdure, une vaste
et jolie chapelle, renfermant les tombeaux de
la famille.

Cette superbe résidence appartient à
Mᵐᵉ la comtesse de Rougé, alliée à la famille
de Preaulx par un premier mariage avec
M. de Montaut.

Vengeau est un ancien fief seigneurial
d'une famille du nom. Il a appartenu, de 1624
à la Révolution, à la famille Thierry de la
Prévalais, qui a doté la ville de l'hôpital que
l'on voit du côté ouest de sa principale rue,
et qui, enrichi par les généreuses libéralités
de M. Jallot, avocat, contient aujourd'hui
soixante lits. Un orphelinat de vingt lits y
est annexé. Son revenu annuel est d'environ
40,000 francs. Vengeau appartient actuellement à M. Ch. Bernard.

Pouancé possède aujourd'hui : mairie et
justice de paix ; groupe d'école communale
laïque de garçons et d'école libre laïque de
filles ; école communale congréganiste de
filles ; école congréganiste libre de garçons,
et école communale congréganiste (mixte), à
Saint-Aubin ; notaires, huissier, percepteur,
receveur de l'enregistrement, receveur des

contributions indirectes, conducteur des ponts-et-chaussées, agent-voyer cantonal, postes et télégraphes, courses de chevaux, comice agricole, société de secours mutuels, société de tir, etc.

Son commerce en chevaux, bœufs, moutons, porcs, volailles, lin, fil, etc., est important. Son industrie, qui s'exerçait autrefois sur la métallurgie, depuis longtemps délaissée, ne comprend plus que des fours à chaux, des tuileries et des tanneries. Ses foires et ses marchés sont suivis et fortement approvisionnés ; il s'y traite d'importantes affaires en bestiaux, grains, et autres produits du pays.

ARMAILLÉ, commune de 729 habitants, sur la rive droite de la Verzée, près la forêt de Juigné, à 86 mètres d'altitude, 6 kilomètres de Pouancé et 23 de Segré, possède des carrières de très bonne pierre à bâtir. Son sol est boisé et accidenté. Sur les confins de son territoire, et près de la Verzée, on remarque un magnifique poulvan, dit *Pierre-Frite*, ayant 5ᵐ,50 de hauteur et 7 mètres de pourtour à 2 mètres au-dessus du sol.

L'église (Saint-Pierre et Saint-Paul), élevée au xiᵉ siècle par les seigneurs d'Armaillé,
possesseurs de la terre, plusieurs fois restaurée et transformée, a été remplacée, en 1875,
par un élégant édifice, en style ogival du
xiiiᵉ siècle, avec clocher en avancement, sur
les plans de l'architecte Bibard.

La seigneurie relevait de Pouancé et était
à *Bois-Geslin*. Elle fut de tout temps dans la
famille d'Armaillé, qui possède encore le
domaine. Le château seigneurial, reconstruit
en 1550, et entouré de douves aujourd'hui
en partie comblées, est en ruine. Il n'en reste
plus que deux grosses tours rondes, à pignon
pointu, reconstruites en 1689, l'antique
fuie, et un bâtiment servant actuellement
de ferme.

Au bas du bourg, existe une importante
minoterie, qui a remplacé en 1863 les anciens
moulins seigneuriaux.

BOUILLÉ-MÉNARD, commune de 970
habitants, sur la rive droite de l'Araise,
à 61 mètres d'altitude, 18 kilomètres de
Pouancé, et 11 de Segré, présente des
coteaux de 100 mètres à la *Chapelle-aux-Pies*.

La fortune du pays réside notamment dans l'élevage des bestiaux. Une fabrication de fil et de toile, qui autrefois y était très active, a complétement disparu.

La paroisse fut donnée, au xi° siècle, par le seigneur du lieu, Payen de Bouillé, à l'abbaye de Saint-Nicolas d'Angers, qui y fonda un prieuré. L'église (Saint-Maurille) incendiée pendant la chouannerie, et restaurée en 1842 et en 1849, renferme, dans la nef, d'anciens fonts baptismaux en pierre blanche, et une *belle résurrection* du xvii° siècle.

Dans l'abside on voit les statues de saint Jean l'Évangéliste, et de saint Maurille, du xviii° siècle; et sous l'autel une crypte murée contenant, dit-on, quatre cercueils.

La seigneurie, très antique, donna son nom *de Bouillé* à la famille de chevaliers, dans laquelle elle resta jusqu'au xiii° siècle. Elle entra ensuite dans la puissante famille *Aménard*, qui lui laissa le sien, et de laquelle elle sortit, deux siècles plus tard, pour entrer dans celle des de Beuil. En 1772, le domaine fut acquis par la famille de Serrant qui l'a vendu, il y a quelques années, à M. Brard, pharmacien à Angers. Le vieux

château seigneurial, depuis longtemps en
ruine, et qui en 1794 servit de retraite aux
Chouans, commandés par Lecomte et l'abbé
Testu, vient d'être l'objet d'une restauration
complète sous l'intelligente direction de
M. Boutier, architecte à Angers. On y arrive
par une large et magnifique allée qu'om-
bragent les plus splendides ormeaux que
l'on puisse voir.

BOURG-L'ÉVÊQUE, commune de 346
habitants, à 111 mètres d'altitude, 13 kilomètres de Pouancé, et 14 de Segré, l'une des
plus petites et des plus pauvres du canton.
Une partie de son territoire est couverte par
l'antique forêt d'Ombrée ; et l'autre partie ne
comprend guère autre chose que des landes,
en partie seulement défrichées. Son commerce est à peu près nul, et elle n'a d'autre
industrie que le charbonnage.

La terre fut donnée, au XIᵉ siècle, par l'un
des seigneurs de Bouillé à l'évêque Ulger,
qui y éleva une église dédiée à saint Jacques
et à saint Philippe, et un bourg qui reçut le
nom de *Saint-Philippe*. Ce n'est qu'au
XIIIᵉ siècle que la commune perdit ce nom,

pour prendre celui qu'elle porte actuellement.

Le chapitre de Saint-Maurice d'Angers y
avait sa maison seigneuriale, attenante à
l'église, dite aujourd'hui encore les *Salles;*
et le curé s'y attribuait la seigneurie de paroisse. L'église, plusieurs fois restaurée, et
en dernier lieu en 1843, est sans intérêt. On
remarque dans l'abside, sur une console, une
jolie vierge avec l'enfant, du xviiie siècle.

CARBAY, commune de 336 habitants, à
80 mètres d'altitude, 4 kilomètres de Pouancé
et 28 de Segré, placée au milieu de landes,
et bornée, au sud, par un ruisseau et le vaste
étang du Fourneau.

Cette petite *Villa* fut donnée, en 1050, par
les comtes d'Anjou aux moines de Marmoutiers qui y établirent un prieuré. Elle s'est
rendue célèbre par sa fête populaire du roi
d'un jour, dit *du petit roi de Carbay,* qu'y
institua, dit-on, le bon roi René, à l'effet de
décharger ses pauvres habitants des trop
lourdes charges dont les moines les avaient
grevés. Tous les ans, le lundi de Pâques, les
paroissiens réunis élisaient un roi qui, re-

vêtu d'accoutrements bizarres et grotesques,
était conduit à l'église où tous les hon-
neurs lui étaient rendus. Après la messe, il
se transportait, avec le roi de l'année précé-
dente, au moulin, où, et en présence de
toute la population assemblée qui les pour-
suivait de ses huées et de ses lazzis, ils
étaient, l'un et l'autre, tenus à se jeter nus,
quelque temps qu'il fît, dans les eaux de
l'étang. Le soir, le prieur devait la maison,
le feu, la chandelle, quinze livres de beurre
et la poêle ; chaque ménage deux œufs, et
chaque nouveau marié quatre deniers. Cet
usage, qui témoigne de la triste et humi-
liante situation du peuple à cette époque, et,
qu'à titre d'enseignement, l'histoire a le devoir
d'enregistrer, a été aboli dans les dernières
années du xviie siècle, sur les instances du
curé Esnault. En 1766, l'étang fut comblé et
transformé en prairie, à la requête des paroissiens. L'église primitive (Saint-Martin) a été
remplacée, en 1865, par un édifice en style
du xiiie siècle, à nef unique et transept formé
par les chapelles de la Vierge et de Saint-
Joseph.

CHAPELLE-HULIN , commune de 402 habitants, sur la rive gauche de l'Araise, et au nord de la forêt d'Ombrée, à 80 mètres d'altitude, 12 kilomètres de Pouancé et 20 de Segré.

L'église (Saint-Pierre), qui existait au XI° siècle, fut donnée au siècle suivant, par les seigneurs de Vergonne et de Bouillé, à l'abbaye de Nyoiseau. L'édifice, reconstruit au XIII° siècle, et remanié en 1729, est sans intérêt. Il ne garde de l'œuvre primitive qu'une petite fenêtre tréflée dans le mur nord. A l'extrémité de la nef sont, dans d'étroits réduits, formant transept : à droite, l'autel de Saint-Sébastien avec statue du XVIII° siècle ; à gauche, celui de la Vierge avec statue de la même époque surmontant un tabernacle décoré d'une jolie *crucifixion* du commencement du même siècle.

Le siège de la seigneurie de paroisse était à Bédin (commune de Chazé-Henry).

CHAZÉ-HENRY, commune de 1,128 habitants, près d'un vaste étang formé par deux affluents de l'Araise, à 69 mètres d'altitude, 6 kilomètres de Pouancé et 22 de Segré.

L'église (Saint-Jean-Baptiste), donnée en 1120 à l'abbaye de Marmoutiers, par l'évêque Rainauld, a été remplacée en 1868 par un remarquable édifice du style du xiii° siècle. Un magnifique porche à cinq pans précède une haute nef de cinq travées, terminée par un transept avec autels, à droite de Saint-Sébastien et à gauche de la Vierge. Le chœur, avec abside pentagonale, est décoré de vieilles statues sans valeur, et de fort jolies grisailles. Les croisées de la nef sont garnies de vitraux modernes.

La seigneurie, avec château disparu, et sur l'emplacement duquel a été construite, en 1850, la mairie avec école de garçons, relevait de la Roche-d'Iré.

Au xviii° siècle, le domaine appartenait à la famille Briant qui le vendit, en 1799, à la famille de la Blanchardière, de laquelle il fut acquis plus tard par M. d'Yvonnière qui le possède actuellement. Bédin, la Barrière, la Roche-Guerinière, Chauvigny et le Plessis-Galleron sont d'anciens fiefs.

Bédin, avec château, chapelle et douves au xvii° siècle, est aujourd'hui transformé en ferme. Le domaine, qui était au milieu du xvııᵉ siècle dans la famille Lorat, appartient actuellement à M. de la Potherie.

La Barrière était au xvııᵉ siècle dans la famille Montgazon ; il n'en reste qu'une ferme depuis longtemps réunie au domaine de Bédin.

La Roche-Guérinière, qui appartint à la maison la Haye-Monbault, et le *Plessis-Galleron*, qui fut à celle du Tremblier, n'existent plus.

COMBRÉE, commune de 4,889 habitants, dans un vaste fond, entre la rivière de Verzée et la forêt d'Ombrée, à 68 mètres d'altitude, 12 kilomètres de Pouancé et 14 de Segré.

Aucun vestige antique, autre que la découverte de quelques pièces de monnaies celtiques, n'a été signalé sur son territoire, où pourtant quelques savants croient pouvoir placer la station *Combaristum*.

L'église (Saint-Pierre) cédée en 1702, par un seigneur de Vergonnes, à l'abbaye de Saint-Serge d'Angers, a été brûlée par les Chouans en 1792. L'édifice, plusieurs fois

restauré et modifié, se compose, aujour-
d'hui, d'une nef à bas côtés soutenus par de
lourds piliers carrés, éclairée par de grandes
fenêtres plein cintre, et terminée par une
abside en hémycicle. On y remarque les
peintures du maître-autel, par M. *Chéreau*,
d'Angers, et de jolis vitraux en grisaille, de
M. *Truffier*.

La châtellenie, qui relevait pour partie de
Pouancé et de Candé, fut, du xve au xviiie siècles, dans les maisons de Vendôme et de la
Mairerie. En 1764, elle entra dans la famille
d'Avoine de la Jaille, dans laquelle elle resta
jusqu'à la Révolution. Il ne reste aucune
trace du château seigneurial disparu. Les
fiefs étaient à l'Épinay, la Haute-Bergère,
Monjauger et la Rivière-Cormier.

L'Épinay appartenait naguère à M. de
Falloux qui, en 1850, a démoli le manoir
seigneurial. La chapelle, encore debout, sert
de grange au fermier.

La Haute-Bergère, qui au moment de la
Révolution appartenait à la famille de Che-
vigny, est aujourd'hui à M. Barbier du Doré

Le château a disparu. Une ferme et un moulin en ont gardé le nom.

Montjauger fut, du xvᵉ au xviiiᵉ siècle, dans la famille d'Andigné. En 1755, le domaine passa dans la famille de la Pouëze qui le possédait à la Révolution. Le manoir sert actuellement de ferme.

La Rivière-Cormier appartenait au xviᵉ siècle à une famille du nom. Le logis, de cette dernière époque, sert également de ferme.

Combrée possède une *institution libre* qui a remplacé, en 1858, le *Petit-Séminaire*, qu'y avait fondé, en 1811, le curé de la paroisse, M. Drouet. Les bâtiments et la chapelle, en style du xviiiᵉ siècle, ont été construits, en 1858, sur les plans de M. Devestre, architecte. La chapelle renferme de très beaux vitraux de *Lobin, de Tours*, représentant divers épisodes de la vie de la Vierge.

GRUGÉ-L'HÔPITAL, commune de 615 habitants, sur une colline, entre l'Araise et la forêt d'Ombrée, à 80 mètres d'altitude, 12 kilomètres de Pouancé et 18 de Segré, formée de deux bourgs, *Grugé* et l'*Hôpital-de-Bouillé*, réunis en 1808.

L'église de Grugé (Saint-Pierre), fut donnée au xi° siècle par le seigneur de Saucogné, à l'évêque Ulger, qui lui-même en fit don au chapitre de Saint-Martin d'Angers. L'édifice, restauré et transformé, n'a de remarquable que son antique fenêtre du fond du chœur, garnie d'un remarquable vitrail du xvi° siècle, au centre duquel figure une *Crucifixion*, avec la Madeleine étreignant le pied de la croix.

L'église de l'Hôpital, que ses baies romanes font remonter au xi° siècle, renferme une curieuse piscine de cette dernière époque, et une remarquable *Mater dolorosa* du xvii° siècle. A l'entrée du bourg, se trouve une petite chapelle, élevée par l'abbesse de Nyoiseau, en 1225, et reconstruite vers la fin du xvii° siècle.

La seigneurie dépendait de Pouancé. Elle fut vendue en 1440, par Jean d'Alençon, à Jean Baraton, seigneur de *Champiré*, dont l'arrière petite-fille épousa un de Sévigné. L'illustre et charmante comtesse de Sévigné fut reçue, en 1671, dans le château féodal de *Champiré*, par son amie Marie-Madeleine Pioche de Lavergne, auteur de la *Princesse de Clèves*, et épouse du chevalier de Sévigné.

La terre passa, à la fin du xvii° siècle, à la famille d'Andigné, qui fit reconstruire le château ; et, au siècle suivant, à la famille de Narcé qui la possède encore.

Saint-Jean de l'*Hôpital-de-Bouillé*, uni à *Saint-Gilles-de-Bouis*, formait autrefois une paroisse dépendante de l'Hôpital du Temple d'Angers.

SAINT-MICHEL-ET-CHANVEAUX, commune de 826 habitants, à 58 mètres d'altitude, 9 kilomètres de Pouancé et 20 de Segré, formée de deux paroisses distinctes, *Saint-Michel-du-Bois* et *Chanveaux*, qui furent réunies après la Révolution.

La châtellenie de *Saint-Michel*, dotée d'une forteresse, fut du xiv° au xvi° siècle dans les maisons de la Jaille et de Scépeaux. En 1628, elle passa dans la famille de Cossé-Brissac, qui la vendit, en 1670, à la famille de Ghaisne, en faveur de laquelle elle fut érigée en comté en 1693. Le domaine appartint, en 1830, au comte de Bourmont, de qui il fut acquis, en 1853, par la famille de La Rochefoucault, qui le possède encore. Le château-fort fut plusieurs fois assiégé par les Anglais, et notamment en 1422. Le duc d'Aumale, qui défendait la place, poursuivit l'ennemi et s'empara de son chef, le fameux Jean de la Pouille. La forteresse, relevée par un seigneur de Durtal, fut de nouveau assiégée, vers 1510, et cette fois complètement détruite. Il n'en reste que des ruines, aujourd'hui couvertes de lierre, et attenantes à l'église paroissiale qui dut être, alors, la chapelle seigneuriale. L'édifice a été récemment reconstruit en style du xiii⁰ siècle, sauf le portail sud qui est du xvii⁰ siècle.

Le bourg de *Chanveaux* est élevé sur une éminence, qu'entoure une puissante enceinte de larges douves le reliant à un étang, qui sans aucun doute devait protéger le donjon. Dès le xi⁰ siècle, il y existait une église (Sainte-Croix), appartenant aux moines de la Roë, qui y avaient fondé un *prieuré-cure*, délaissé au xvii⁰ siècle, et dont il ne reste d'autre trace qu'un calvaire en pierre de Juigné, sur l'emplacement qu'occupait l'ancien cimetière. La châtellenie fut alors réunie à celle de *Saint-Michel-de-Ghuisne* et le domaine divisé. Il appartient aujourd'hui pour partie à M. Clovis, de Candé, et partie à M. Bordillon, du Lion-d'Angers.

Le 31 août 1794, les grenadiers républicains, commandés par le général *Decaen*,
battirent, sous la forêt de Chanveaux, une
bande de huit cents chouans, qui s'enfuirent
à travers champs, en laissant sur le terrain
cinquante morts et de nombreux blessés.

Sur le fief de *Balisson*, au lieu dit la *Seigneurie*, existait un peulvan et une ancienne
motte féodale. A l'extrémité nord de la commune s'élève un magnifique menhir, dit
Pierre-Frite, mesurant 6 mètres de hauteur
et 1^m,50 sur chaque face.

NOELLET, commune de 967 habitants, sur
la rive droite de la Nymphe, à 57 mètres d'altitude, 9 kilomètres de Pouancé et 21 de
Segré, ne présente aucune trace antique.

L'église (Saint-Maimbœuf), fut donnée, en
1177, par l'évêque Geoffroy-la-Mouche, au
chapitre Saint-Maurice d'Angers. L'édifice,
récemment reconstruit, est sans intérêt. Le
chœur est décoré de vitraux représentant la
Vierge, Saint-Joseph et *Saint-Maimbœuf*. Sur
l'un des petits autels existe une vieille statue
de *Saint-Sébastien*. Le cimetière renferme
une chapelle ancienne; et à l'extrémité ouest

8.

du bourg s'élève une jolie chapelle moderne, en style gothique.

La seigneurie de paroisse était à la *Jaille*, dans une famille de chevaliers du nom jusqu'au xvi° siècle, époque à laquelle la terre passa dans la puissante famille d'Avoines qui la garda jusqu'au xviii° siècle. Le vieux château, en partie modernisé, et encore entouré de ses larges douves vives, appartient aujourd'hui à M. Bouillé-Duclos.

Un autre fief était à *Bois-Bernier*, qui appartint, de la fin du xvii° siècle à la Révolution, à la famille Coquereau. Le château, du xvi° siècle, a été restauré par M. le marquis de Bruc, propriétaire actuel du domaine.

LA PRÉVIÈRE, commune de 344 habitants, sur une colline, entre deux étangs et la forêt de Juigné, à 79 mètres d'altitude, 3 kilomètres de Pouancé et 27 de Segré.

La Verzée, qui y prend sa source, forme les vastes étangs de *Tressé*, de la *Fonderie*, de la *Nymphe* et du *Fourneau*.

Au xi° siècle, la Prévière était le centre d'un fief appartenant à une famille de chevaliers qui en prirent le nom, et dont l'un des

membres, Hervé de la Prévière, donna au
xiie siècle l'église (Saint-Laurent) aux moines
de Marmoutiers. Le fief, longtemps uni à la
Selle-Craonnaise (Mayenne), passa en 1326 à
la baronnie de Pouancé. Il ne reste nulle
trace de l'ancien château féodal. L'église,
sans style ni décorations, est la plus misé-
rable du pays.

Sur l'étang de la *Nymphe*, et près la forêt
de Juigné, est la *Primaudière* qui fut donnée
en 1208 par Geoffroy, seigneur de Châteaubriand, et Guillaume de la Guerche, seigneur
de Pouancé, aux moines de Grandmont qui
y fondèrent un prieuré dont il ne reste plus
que des ruines. La chapelle qui, pendant une
vingtaine d'années de la première moitié de
notre siècle, fut occupée par une verrerie, est
aujourd'hui affectée, comme tout ce qui reste
des bâtiments de l'abbaye, à l'exploitation de
deux minoteries qui constituent l'unique industrie de la commune.

Sur l'étang du *Fourneau*, existait autrefois
une fonderie dépendant de l'établissement
métallurgique de Pouancé.

Cette petite commune est pourvue d'une
école, d'un asile et d'un hospice qu'elle doit

aux généreuses libéralités du marquis d'Aligre, et de la comtesse de Preaulx, son épouse.

LE TREMBLAY, commune de 926 habitants, sur la rive droite et entre deux affluents de la Verzée, à 49 mètres d'altitude, 18 kilomètres de Pouancé et 16 de Segré, fait un grand commerce de grains et de volailles.

Simple vicairie, jusqu'au xviie siècle, du curé de Challain, la paroisse du Tremblay fut dotée, en 1635, d'un chapitre de quatre chanoines, en l'honneur de Saint-Louis. Mais en 1725, cette petite collégiale fut convertie en simple cure, dont les curés jouirent de la seigneurie de paroisse jusqu'en 1748, époque à laquelle la seigneurie fut réunie au comté de la Potherie.

Le fief, qui était à la *Déniolais*, fut de 1698 à la Révolution, dans la famille de Veillon. Il ne reste aucun vestige du château seigneurial depuis longtemps disparu.

L'église (Saint-Louis), incendiée par les chouans, le 26 thermidor, an II, a été reconstruite en dernier lieu en 1866, sur les plans de l'architecte M. Dussouchay. Elle se compose d'une longue et unique nef à haute voûte, suivie d'une abside à pans coupés, décorée de jolis vitraux, et double absidiole.

VERGONNES, commune de 466 habitants, sur un plateau de 108 mètres d'altitude, à 7 kilomètres de Pouancé et 17 de Segré.

L'Église fut donnée en 1120 par l'évêque Rainaud de Martigné aux moines de l'abbaye de Marmoutiers qui paraissent n'y avoir fondé aucun établissement religieux. L'édifice, incendié par les chouans, et reconstruit sur ses anciennes fondations, n'offre aucun intérêt.

La seigneurie de paroisse était au *Plessis*, dont l'important château, entouré de douves, est depuis longtemps en ruine. La chapelle, encore debout, et servant aujourd'hui de hangar, renferme encore de curieux restes de peintures et de blasons. Le domaine, qui pendant les XVIe et XVIIe siècles fut dans la famille de la Rivière, appartient aujourd'hui à M. Veillon de la Garoulaye, qui en a hérité.

CANTON DE CHATEAUNEUF

Le canton de Châteauneuf est borné au nord par le département de la Mayenne, à l'ouest par le canton du Lion-d'Angers, au sud par le canton de Briolay, et à l'est par celui de Durtal.

Ce canton, complètement encaissé entre la Mayenne vers ouest, et la Sarthe vers est, a une superficie de 23,742 hectares, et une population de 11,530 habitants. Son altitude moyenne est de 45 mètres, et son point culminant, qui est au plateau de Champigné, est de 70 mètres. La voie ferrée d'Angers au Mans la confine dans toute sa longueur Est.

Sa richesse, comme celle du reste des autres cantons de l'arrondissement, consiste tout particulièrement dans ses produits agricoles, et dans l'élevage des bestiaux. Son industrie offre d'importantes minoteries, des ateliers pour la construction des bateaux et des machines agricoles, des fours à chaux, des tanneries, des teintureries, etc. Il comprend 15 communes, dont le chef-lieu, et : Brissarthe, Champigné, Champteussé, Chemiré - sur -

Sarthe, Chenillé-Changé, Cherré, Contigné,
Juvardeil, Marigné, Miré, Querré, Sceaux,
Sœurdres et Thorigné.

CHATEAUNEUF-SUR-SARTHE, chef-
lieu du canton, petite ville de 1508 habitants,
à 40 mètres d'altitude, et 33 kilomètres de
Segré, bâtie sur la rive droite de la Sarthe
que traverse un pont en pierre construit en
1841. C'est l'ancienne *Villa Seronnes* qu'un
comte d'Anjou partagea, au xi⁰ siècle, entre
l'abbaye de Beaulieu (près Loches), et l'évêché d'Angers, qui y fonda l'église *Notre-Dame*.
D'un autre côté, Hugues de Mathefelon et
l'évêque Ulger élevaient celle de *Saint-André*,
qu'ils cédaient bientôt au comte d'Anjou.

L'église Saint-André, restaurée ou rebâtie
vers le milieu du xviii⁰ siècle, a été supprimée
et démolie à la Révolution. Il ne restait plus
dès lors que Notre-Dame qui, d'église mère
qu'elle était déjà, devint unique centre du
culte, en même temps qu'église paroissiale.
L'édifice, plusieurs fois remanié, et complètement transformé par l'adjonction de deux
bas côtés à son unique nef, est remarquable,
tant par la hardiesse des voûtes ogivales de

l'œuvre primitive, que par ses hautes fenêtres, en plein-cintre, pour la plupart remaniées. Le grand-hôtel est surmonté d'un baldaquin, que supportent deux colonnes de marbre noir ; et les autels de la Vierge et de saint André, aussi bien que les boiseries qui entourent le chœur, sont en style du xvii° siècle.

Dans les premières années du xii° siècle, la terre appartenait à Geoffroy Plantagenet qui, pour se mettre à l'abri des incursions souvent répétées de son vassal, Robert de Sablé, fit construire sur la Sarthe, en 1131, un *Castrum* ou *château-fort*, qui ne tarda pas à être ruiné. En 1203, en effet, il fut assiégé et démantelé par les armées d'Anjou, de Poitou, et de Bretagne ; et la ville fut obligée de se rendre au roi de France, Philippe Auguste qui, en 1204, donna la seigneurie à des Roches, son sénéchal en Anjou. En 1231, il fut pris par les Anglais qui le ruinèrent complètement. Il n'en reste plus que la tour de la *Motte*, dite de *Robert-le-Fort*, qui fit donner à la ville son nom actuel.

Le domaine, qualifié de châtellenie, dès les premières années du xi° siècle, fut érigé

en baronnie en 1584, au profit des de la
Trémouille qui le possédaient pour s'être
alliés avec les descendants de la famille des
Roches. En 1670, il fut acquis par Louis-
François Servien, marquis de Sablé, qui le
revendit, en 1707, à Jean Goujon, ancien
restaurateur du château, et dont la petite
fille l'apporta, en mariage, au marquis de
Chaillou-Denis-Amelot qui, en 1750, le fit
ériger en marquisat, et dont les descendants
le possèdent encore pour partie.

Le siège du fief seigneurial était à la
Vérouillère, qui fut jusqu'au milieu du
xviiᵉ siècle dans la famille Leroy, et de cette
époque à la Révolution dans la famille Jallet
des Plantes. Le domaine appartient actuellement à M. Appert Georget qui, en 1861, a
remplacé le vieux manoir par un magni-
que château moderne.

Au xiiiᵉ siècle, il existait dans la ville une
aumônerie, avec chapelle *Saint-Jean-Baptiste*,
relevant de l'abbaye de la Roë, et qui, en
1563 et en 1568, servit de lieu de prêche
aux Huguenots.

Aujourd'hui, Châteauneuf possède : mairie
avec halles et justice de paix ; deux écoles

communales laïques, dont une pour les garçons et l'autre pour les filles, cette dernière
avec asile ; école libre congréganiste de filles,
également avec asile; notaire; huissier;
receveur de l'enregistrement ; percepteur;
receveur des contributions indirectes ; conducteur des Ponts-et-chaussées; agent-
voyer cantonal; poste et télégraphes ; briga-
dier de gendarmerie ; comice agricole;
société de tir; hospice; bureau de bienfaisance, etc.

Les produits du pays, qui est arrosé par la
Sarthe et ses affluents, consistent en fro-
ments, fourrages, chanvres, lin, bestiaux,
cidre et vin. Son industrie comprend des
fours à chaux, des ateliers pour la construction des machines agricoles, des tanneries,
des teintureries, des tuileries et d'importantes
minoteries.

Le commerce de Châteauneuf est actif; les
affaires qui se traitent à ses foires et à ses
marchés atteignent des chiffres importants.

BRISSARTHE, commune de 840 habitants
sur la rive droite de la Sarthe, qui y forme
de nombreuses îles, à 19 mètres d'altitude,

4 kilomètres de Châteauneuf et 38 de Segré.
En raison, sans doute, de son passage antique sur la Sarthe, la *villa de Brissarthe* (*Bria-
Sartae — passage sur la Sarthe*) était dès le
xiᵉ siècle le centre d'un canton important.
Sa basilique du viiiᵉ siècle, bâtie en pierre,
chose très rare à cette époque, fut, en 866, le
théâtre du combat fameux où périt Robert-
le-Fort, au moment même où les Normands,
conduits par l'odieux et infâme français
Hastings, fuyaient vaincus. Tué à la porte
même de l'église, Robert fut traîné dans
l'enceinte par ses lâches et traîtres ennemis.

L'église actuelle (Notre-Dame) que l'on fait
remonter au xiiᵉ siècle, et qui appartint à un
ancien prieuré de Saint-Serge d'Angers, a
subi de si nombreuses transformations qu'elle
n'offre plus que de rares traces de l'édifice
primitif. La nef, qui a 33 mètres de longueur
sur 9 mètres 25 de largeur, serait, dit-on,
celle même dans laquelle les Normands se
seraient renfermés, et où le corps de Robert
aurait été transporté. Le clocher, qui date de
1741, est orné aux quatre angles de colonnes
corinthiennes. La cure, attenante à l'église,
est pourvue d'une terrasse et d'une pièce

d'eau qui en font une habitation charmante;

La seigneurie de paroisse était à *Morlière*, qui appartint, du xvii° siècle à la fin du xviii° siècle, aux maisons de Rohan, de Sancé et de Campagnolle.

CHAMPIGNÉ, commune de 1,324 habitants, sur la rive gauche du Piron, affluent de la Sarthe, à 25 mètres d'altitude, 7 kilomètres de Châteauneuf, et 24 kilomètres 700 mètres de Segré.

Cette commune, qui n'était au ix° siècle qu'un simple domaine appartenant à l'abbaye de Saint-Aubin d'Angers, qui y construisit un bourg et un *prieuré-cure*, est aujourd'hui l'une des plus importantes et des plus florissantes du canton. L'agriculture y est en grand progrès, et son commerce actif. Il s'y tient des foires trimestrielles très importantes en bestiaux de toutes sortes.

La vieille église (Saint-Martin-de-Vertou) brûlée par les chouans en 1794, et plusieurs fois restaurée, n'offre que de rares traces de l'œuvre primitive. On y remarque deux jolis autels du xviii° siècle, appuyés sur la retraite d'un arceau plein cintre qui termine son uni-

que nef; une belle chaire sculptée de la
même époque; des stalles de l'ancien prieuré,
et d'assez jolis vitraux modernes. Au fond
du chœur s'élève une statue du patron
(xviiie siècle). Le prieuré, qui attenait à l'é-
glise, sert aujourd'hui de demeure au notaire
de l'endroit. Le presbytère est installé dans
les bâtiments d'un ancien collège, fondé en
1631, par l'un des vicaires de la paroisse, et
qui exista jusqu'à la Révolution. L'ancienne
chapelle du prieuré (Saint-Julien), cédée à la
famille de Charnacé en 1575, est, le 25 janvier de chaque année, l'objet d'un pèlerinage
suivi, ayant pour objet de préserver les ani-
maux de la maladie et de la mortalité.

La seigneurie de Paroisse était en 1595 à
la *Hamonnière*, élégante gentilhommerie du
xvie siècle, avec cour, chapelle, douves,
étangs, etc. De 1751 à 1825 le domaine a
appartenu à la famille Falloux du Lys qui, à
cette dernière époque, l'a vendu à M. de la
Porte, de qui M. Achille Joubert d'Angers l'a
acquis en 1866. Charnacé, les Briottières,
Mozé, Baillé et Princeps sont d'anciens fiefs.

Charnacé appartint jusqu'au xviie siècle à
l'ancienne et illustre famille du nom, dont

un membre, Hercule, fut maréchal de camp
et ambassadeur en Suède au xvii° siècle. Le
manoir et ses dépendances sont transformés
en ferme.

Les Briottières furent du xvi° siècle à la
Révolution dans la famille Lesrat, qui a fait
reconstruire le château vers 1780. Le domaine
a été vendu en 1855, par la famille d'Armaillé, à M. Alfred de Micullo d'Angers, qui
le possède.

Mozé, qui fut pendant la seconde moitié
du xviii° siècle dans les familles Falloux-
Giraud, et Marcombe-Falloux, appartient
actuellement à Mme Paulze d'Ivoy, née Mar-
combe. Le château a été rebâti vers 1820.

Baillé est un ancien domaine de la famille
Pannetier, dont l'un des membres était en
1734 conseiller secrétaire du roi, auditeur
des Comptes de Bretagne. Les héritiers l'ont
vendu, en 1864, à M. Passot, qui a fait reconstruire le château en 1865.

Princeps, qui fut dans la famille Guy de
Lesrat, de 1760 à la Révolution, n'existe
plus.

CHANTEUSSÉ ou **CHAMPTEUSSÉ,** commune de 449 habitants, sur la rive gauche et à 2 kilomètres de la Mayenne, à 63 mètres d'altitude, 14 kilomètres de Châteauneuf et 31 de Segré, dans laquelle le progrès n'a que peu pénétré.

Son ancienne église (Saint-Martin) se compose d'un assemblage disparate et difforme de parties appartenant aux xie, xiie, xiiie et xiv siècles. Elle est décorée de peintures murales et de statues de saints qui n'ont de remarquable que leur grossièreté, ou plutôt leur originalité. Au fond du chœur toutefois existent, dans une fenêtre romane, deux remarquables vitraux donnés par M. Lechat de Tessecourt. Sur la place on voit une chapelle avec carillon, élevée à l'occasion du Jubilé de 1826.

La seigneurie de paroisse était au château de *Vernée*. Elle appartint jusqu'à la fin du xviie siècle à la famille de Montalais, et pendant les premières années du xviiie siècle à la famille Lechat. En 1735, le domaine passa, par mariage dans la famille d'Armaillé, qui le possède encore. L'ancien manoir a été très élégamment restauré.

Un autre fief était à *Tessecourt*, autrefois avec *château-fort* et *motte* entourée de douves. Il appartint à une famille du nom jusqu'au xv° siècle, et, vers le milieu du xvii° siècle, ce beau domaine entra dans la famille Lechat qui le possède encore. L'ancien logis du xviii° siècle a été remplacé, en 1880, par un magnifique château, en style Louis XIII modernisé, construit sur les plans de l'architecte Bibard. La façade sud est précédée d'un large perron, au devant duquel se trouve un vaste bassin entouré d'une très jolie pelouse.

Chanteussé a vu naître, en 1761, M. Boreau de la Besnardière, ancien baron de l'empire, chevalier de la Légion d'honneur, maire d'Angers, de 1806 à 1813, y décédé en 1823. Il était fils de Boreau de la Besnardière, qui a fait construire à Angers l'hôtel et la levée du même nom.

CHEMIRÉ-sur-SARTHE, commune de 383 habitants, sur la rive droite de la Sarthe, dans un endroit bas et accidenté, à 20 mètres d'altitude, 10 kilomètres de Châteauneuf, et 39 kilomètres et demi de Segré, possède de magnifiques prairies.

L'église, fort curieuse, est des xıı° et xııı°
siècles. La nef est lambrissée en berceau, et
les voûtes du transept et du chœur reposent
sur des colonnes à chapiteaux très remarquables. Le clocher à base carrée, percée de
jolies fenêtres ogivales, est surmontée d'une
flèche couverte en ardoise, dont les pans se
contournent en spirale. Un élégant manoir
du xvı° siècle, à lucarnes armoriées, sert de
cure.

La terre de Chemiré formait au x° siècle
l'un des plus importants domaines du chapitre
de Saint-Maurice d'Angers, qui y avait pour
logis le grand et curieux bâtiment du xvı°
siècle, que l'on voit vers le milieu du bourg,
et connu encore aujourd'hui sous le nom de
logis du Chapitre.

Les seigneurs de la baronnie de *Beaumont*,
dite de *Grattecuisse*, étaient vassaux de l'é-
vêque d'Angers, et devaient le servir le jour
de son intronisation.

Le manoir de la *Gaulerie*, aujourd'hui
transformé en ferme, a gardé de très curieux
restes de ses dispositions antiques. La chapelle qui sert de boulangerie, a conservé sa
porte surmontée d'une crosse abatiale.

CHENILLÉ-CHANGÉ, commune de 241 habitants, à 23 mètres d'altitude, 16 kilomètres de Châteauneuf et 18 de Segré, est formé de la réunion de deux bourgs *Chenillé* et *Changé*, dont chacun formait autrefois une paroisse avec église, fief et seigneurie. Le bourg de *Chenillé*, qui est devenu le principal centre, est bâti sur la rive gauche de la Mayenne. C'est un ancien centre avec prieuré-cure de l'abbaye de Toussaint d'Angers. L'église (Saint-Pierre), vieil édifice roman du xi⁰ siècle plusieurs fois restauré et modifié, fut celle sans doute du prieuré-cure au xii⁰ siècle. A l'intérieur on remarque *plusieurs statues* peintes du xviii⁰ siècle, et une belle *toile*, détériorée, du xvii⁰ siècle, représentant la Vierge.

L'église de *Changé*, qui est éclairée par deux fenêtres ogivales tréflées, sert aujourd'hui de chapelle.

La seigneurie de *Chenillé* était *aux Rues*. Elle appartint à une famille du nom jusqu'au xvi⁰ siècle, et passa alors dans la noble famille de Rougé, qui a fourni un membre de l'Institut, et dont les descendants sont encore en possession du domaine. Le château, récemment restauré, par l'architecte Hodé, est décoré d'un élégant pavillon central, couronné d'un pignon avec fleuron, et de deux demi-tours à créneaux et machicoulis aux angles. Il renferme une grande partie des remarquables tableaux qui formaient naguère la magnifique galerie du château de Sablé.

La seigneurie de *Changé* appartint du xvi° au xviii° siècle aux seigneurs de Boismonboucher. Un autre fief dit Changé-Leroy, appartint au xviii° siècle à la famille Boreau des Landes.

CHERRÉ, commune de 650 habitants, sur l'un des plus hauts plateaux de l'arrondissement (72 mètres) limité par les affluents de la Sarthe et de la Mayenne, à 7 kilomètres de Châteauneuf et 28 de Segré, possède de magnifiques prairies artificielles et de bonnes carrières de pierre à bâtir.

L'église (Saint-Pierre) appartint au xi° siècle à l'évêque Ulger, et plus tard aux chanoines de l'église d'Angers. Brûlée par les Chouans en 1793, et reconstruit en 1807, l'édifice se compose actuellement de parties appartenant à des époques diverses et d'en-

semble peu satisfaisant. A l'extrémité d'une
nef moderne se trouvent deux chapelles du
XVIIIe siècle, avec autels, l'un du XVIIe siècle,
et l'autre du XVIe ; ce dernier provenant de la
chapelle de l'ancien prieuré des Nonnains.
Ces deux chapelles sont décorées de tableaux
du XVIIe siècle.

La seigneurie, qui était à *Marthon*, fut de
1586 à 1748 dans la famille Bélot de Launay.
A cette dernière époque elle passa par mariage dans la famille d'Houllières dont le
dernier du nom fut maire d'Angers en 1790,
et député à l'Assemblée nationale. En 1823
le domaine passa, également par alliance, à
la famille Lechat qui, en 1846, remplaça le
vieux manoir, brûlé par les Chouans, par un
magnifique château auquel les dispositions
architecturales donnent un grand aspect de
sévérité et de grandeur.

Le prieuré du *Plessis aux Nonnains*, donné
au XIe siècle à l'abbaye du Ronceray d'Angers,
n'existe plus. La chapelle qui a remplacé
celle détruite au XVIe siècle, fait aujourd'hui
partie des servitudes de la ferme du même
nom.

CONTIGNÉ, commune de 1,072 habitants, à 65 mètres d'altitude, 7 kilomètres de Châteauneuf et 34 de Segré, arrosée par le ruisseau du Margat, l'un des affluents de la Sarthe.

L'église (Sainte-Vierge), fondée au xiii° siècle par les seigneurs de Pommerieux et du Margat, dépendait du doyenné de l'église de Saint-Nicolas d'Angers, qui en touchait la dîme. L'édifice, reconstruit en 1874, sur les plans de l'architecte Dussouchay, n'a gardé de l'œuvre primitive que le clocher.

La seigneurie appartint tour à tour, du xv° au xviii° siècle, aux seigneurs de Pommérieux et du Margat. Vers 1776, le domaine de Pommérieux fut réuni à celui du *Margat*, que possédait déjà la famille de Terves. Le château, des xiii° et xiv° siècles, restauré en 1782, a été transformé en 1857, tel qu'on le voit aujourd'hui, avec une haute tour au centre de l'une de ses deux façades, et une tourelle à pans coupés de l'autre. La chapelle, restaurée en 1840, renferme une très jolie *Conception.*

Maquillé, Charrost, Gâtines et Charnacé sont d'anciens fiefs. Maquillé et Charrost n'existent plus.

Le manoir de Gâtines, transformé en ferme, possède une cave en tuffeau d'environ un kilomètre de longueur, dans laquelle on retrouve plusieurs chambres et une chapelle avec bancs, autel, chaire à prêcher, statues, etc., le tout en terre.

Charnacé appartenait, au milieu du XVIe siècle, à la vieille et illustre famille du nom. Le château, reconstruit en 1780, avec chapelle, double pavillon et enceinte de douves vives, est aujourd'hui en ruine.

En 1636, François Cupif, docteur en Sorbonne, curé de Contigné depuis 1628, se fit protestant, se maria, eut des enfants, et devint pasteur du prince d'Orange, Guillaume de Nassau, depuis roi d'Angleterre.

JUVARDEIL, commune de 959 habitants, sur la rive droite de la Sarthe, à 16 mètres d'altitude, 3 kilomètres de Châteauneuf et 38 de Segré, était au Xe siècle le centre d'une *villa* importante où Charles le Chauve résida en 852, et dicta un de ses diplômes. C'est aujourd'hui un centre d'affaires en vin blanc, cidre, fourrages, bestiaux, pêche, navigation et construction de bateaux.

Au xi° siècle, le seigneur du lieu fit élever un *château-fort* dominant le passage de la Sarthe, et une chapelle (Notre-Dame) qu'il donna aux moines de Saint-Nicolas d'Angers qui y établirent un prieuré. Cette église, qui servit de chapelle au prieuré, en même temps que d'église paroissiale, a été remplacée, en 1860, par l'édifice en style ogival que l'on voit aujourd'hui. L'intérieur comprend une nef unique, avec chœur et abside à pans coupés. Le vitrail central de l'abside renferme une très remarquable *Assomption* de Thierry d'Angers.

La Châtellenie, qui appartenait au xvi° siècle aux barons de Briolay, s'éteignit vers le milieu du xviii° siècle au profit de Châteauneuf. Le manoir avait disparu dès le xvi° siècle.

Crucifix, les Landes et la Buronnière sont d'anciens fiefs.

Crucifix appartenait au milieu du xviii° siècle à la famille de Bonchamps, dont l'un des membres s'est distingué dans l'armée vendéenne, par sa bravoure et sa générosité. C'est lui qui, dit-on, blessé et mourant, demanda et obtint à Saint-Florent la grâce de 4 à 5,000 prisonniers républicains

qui, sans cet acte d'humanité, allaient être
impitoyablement massacrés. Il ne reste
aucune trace de l'ancien logis.

Les Landes appartinrent à une famille du
nom jusqu'au xiv° siècle, et pendant tout le
xvi° siècle à la famille Bouju, dont l'un des
membres (Jacques), conseiller au parlement
de Paris en 1554, et président aux enquêtes
du parlement de Bretagne en 1558, se dis-
tingua dans les lettres. Il mourut en 1577, et
fut enterré dans la chapelle Saint-Jean de
l'église de Juvardeil. L'ancien logis du
xv° siècle a également et depuis longtemps
disparu.

La Buronnière fut du xvii° siècle à la Révolution dans la maison de Maquillé. Le château,
reconstruit au xviii° siècle, avec chapelle, a
été vendu en 1870, avec ses dépendances,
par Mme Vve Duchâtel, à M. Louis Janvier
de la Motte, fils, depuis député, qui l'a lui-
même revendu, en 1880, à M. Nepveu, qui le
possède actuellement.

A Cellières sont les ruines du prieuré-cure
de Saint-Nicolas. A côté existent de vieux

bâtiments des xvi⁰, xvii⁰ et xviii⁰ siècles, qui constituaient autrefois *le château de Cellières* et appartenaient au xvi⁰ siècle à la famille de Flers. Ils sont aujourd'hui à M. Nepveu, déjà propriétaire de la Buronnière.

MARIGNÉ, commune de 1,026 habitants, au bas d'une longue colline, à 65 mètres d'altitude, 11 kilomètres de Châteauneuf et 22 de Segré, est un vieux centre aux logis sombres avec accolades et meneaux de pierre. La cure se remarque tout particulièrement par ses vastes dépendances, antérieures d'au moins un siècle au portail d'entrée qui porte la date de *1696*. L'agriculture y est en progrès, et il s'y tient des foires importantes. Le minerai de fer y abonde, et l'exploitation paraît y avoir été très active dans les temps reculés. Vers le Boulay, on rencontre de nombreuses traces de forges gallo-romaines et d'anciennes ardoisières.

L'église (Saint-Poncien) du x⁰ siècle, a été restaurée en 1512, et en dernier lieu en 1875, sous la direction de l'architecte Dussouchay.

Elle possède une croix processionnelle du xvii⁰ siècle, d'un très grand prix.

Le fief, qualifié de châtellenie, appartint du xiᵉ au xviiᵉ siècle, aux anciennes maisons Turpin de Crissé et de Montalais. En 1698, le domaine fut acquis par la famille Lechat, qui le revendit en 1732 à la famille Leshénault.

La Perrine et Port-Joulain sont d'anciens fiefs.

La *Perrine*, qui appartint pendant les xviᵉ et xviiᵉ siècles aux puissantes familles Giffart et Champagné, était en 1789 aux Lemaire de la Mairerie. Le vieux manoir a été remplacé par un joli château de forme rectangulaire. Le domaine appartient actuellement à M. Lemotheux, d'Angers.

Port-Joulain a appartenu pendant près de trois siècles à la noble maison d'Anthénaise. En 1790 le domaine passa, par alliance, à la famille de Monthel, qui l'a vendu en 1865 à M. Max Richard d'Angers, ancien député à l'Assemblée nationale. Le château, des xvᵉ et xviᵉ siècles, a été reconstruit en 1700 ; c'est un vaste hôtel rectangulaire, dominant la Mayenne, avec haute terrasse à balustrade de pierre vers le nord.

MIRÉ, commune de 867 habitants, au bas d'un coteau qui longe un affluent de la Sarthe, la Savonnière, à 31 mètres d'altitude, 10 kilomètres de Châteauneuf et 33 de Segré, remonte à une haute antiquité. Sa *Villa Royale* fut donnée en 838 par Pépin d'Aquitaine, alors en résidence à Doué-la-Fontaine, à l'abbaye de Saint-Maure-sur-Loire.

L'église (Saint-Melaine) qui au xiᵉ siècle appartenait au chapitre de Saint-Maurice d'Angers, a été restaurée en 1872. Elle se compose d'une longue nef, à voûte boisée en carène de navire, et décorée de très curieuses peintures du xvᵉ siècle, assez bien conservées.

A une faible distance du bourg, existe un beau dolmen, dit *la Maison-des-Fées*, mesurant 4 mètres de longueur sur 3 mètres 50 de largeur, et 1 mètre 20 de hauteur au-dessus du sol, servant actuellement d'écurie pour des chevaux.

Le siège de la seigneurie était au château de Beaumont en Saint-Laurent-des-Mortiers, et les fiefs étaient à la Raudière et à Vaux.

La Raudière appartint aux seigneurs de Miré jusqu'aux premières années du xvi⁰ siècle, et à la famille de Salles au siècle suivant. Au commencement du xviii⁰ siècle, le domaine appartenait à la famille de Guépéan, dont les héritiers le vendirent en 1833 à M. Lemonnier de Lorière, propriétaire, à Laval.

Vaux appartint au xv⁰ siècle au ministre de Louis XI, Jean Bourré, qui fit construire le château et la chapelle. Son fils François y résidait au xvi⁰ siècle ; et en 1727 il appartenait au marquis de Rambouillet. En 1793 il était la propriété du juge de paix Bordillon, et il est celle aujourd'hui de la famille Briaud. Le château et la chapelle, autrefois entourés de larges douves à eaux vives, sont depuis longtemps convertis en servitudes.

QUERRÉ, commune de 404 habitants, sur un coteau de la rive gauche d'un affluent de la Mayenne, la Baconne, à 73 mètres d'altitude, 11 kilomètres de Châteauneuf et 23 de Ségré. Le bourg de cette petite commune conserve quelques vieux logis du xvi⁰ siècle qui lui donnent un cachet tout particulier, et parmi lesquels il convient de citer : la *Grand-Maison*, ancien hôtel des d'Andigné ; le vieux manoir de la *Cour-de-Querré* ; l'hôtel du *Plat-d'étain*.

L'église (Saint-Martin-de-Vertou) donnée au xi° siècle aux moines de Saint-Serge d'Angers, et plusieurs fois restaurée, a été brûlée par les Chouans en 1793, et reconstruite en 1873. Son unique nef, en style du xiv° siècle, est séparée du chœur par un arceau ogival. L'abside est décorée de vitraux représentant : celui du centre, une *Assomption*, et ceux des côtés les *quatre évangélistes*.

Une autre église, depuis longtemps détruite, et qui fit partie de l'ancien *prieuré de Saint-Éloi*, dit *prieuré de Saint-Gilles*, avait été donnée au xi° siècle par Geoffroy, frère du seigneur de Chemillé, aux moines de l'abbaye de Marmoutiers.

La seigneurie de paroisse appartenait au seigneur de Vernée (Chanteussé), et le fief qui était à la *Cointrie*, appartint du xvi° au xviii° siècle à la famille Gohin de Montreuil. Le château, du xv° siècle, n'existe plus.

SCEAUX, commune de 714 habitants, sur
un plateau de la rive droite de la Mayenne
(la Suine) à 35 mètres d'altitude, 14 kilomètres de Châteauneuf et 24 de Segré, est
riche en céréales et en calcaire pour fours à
chaux.

L'église (Saint-Martin), d'origine antique,
fut donnée par l'évêque Rainaud aux religieux
de Saint-Serge d'Angers, qui établirent un
prieuré tout à côté. Malgré les nombreux
remaniements dont elle a été l'objet, cette
église a gardé son caractère d'antiquité. Le
clocher, carré, est des xve et xvie siècles ; le
chœur, transformé à la moderne, est entouré
de jolies stalles du xviie siècle, et la chapelle
de la Vierge est du xviiie siècle. Quelques
statues de saints, et trois *toiles*, dont une
sainte famille du commencement du xviiie
siècle, en complètent la décoration.

Le fief, qui au xvie siècle formait une châtellenie appartenant à la famille de Montalais,
fut réuni, vers la fin du xviie siècle, à la
seigneurie de Sautrée (Feneu).

Un autre fief était à *Launay* qui appartint
jusqu'au xvie siècle à la famille *Launay-
Bérart*, puis à Michel Lemaczon, maire

d'Angers, en 1540, qui fit ajouter une chapelle au manoir. Après la Révolution, le
domaine fut acquis par l'ancien notaire
Brisset, qui a remplacé le manoir seigneurial par un magnifique château, en style
Louis XIII, flanqué de tourelles aux angles
et qu'entoure un vaste parc. Dans une prairie attenante au château existe une fontaine
ferrugineuse. Ce beau domaine appartient
actuellement au fils de M. Brisset.

SŒURDRES, commune de 540 habitants,
sur un plateau, entre des affluents de la
Mayenne et de la Sarthe, à 67 mètres d'altitude, 10 kilomètres de Châteauneuf et 26 de
Segré, est un centre antique.

En 845, le comte Thibault, abbé de Saint-
Jean-Baptiste d'Angers, donna sa *Villa-Cirda*
à ses religieux qui y établirent un prieuré-
cure, qu'ils ne tardèrent pas à transformer
en chapitre. L'église (xi⁰ siècle) qui fut celle
sans doute du prieuré, a été brûlée par les
Chouans en 1793. L'édifice, restauré, a gardé
son porche et ses fenêtres romanes de l'époque de sa construction. Il est sans aucun
autre motif d'intérêt.

Le siège de la seigneurie était à Beaumont en Saint-Laurent-du-Mortier, et les fiefs étaient à Touche-Moreau et à Moiré.

L'important manoir de *Touche-Moreau* (XVIe siècle) avec tourelles d'Angle, chapelle, chemin de ronde et douves, est depuis long-temps en ruines ; néanmoins les parties qui en restent, et qui sont transformées en ferme, ne manquent point d'être encore fort intéres-santes. Le domaine a été acheté en 1826 par M. Nicot, dont la famille le possède.

Moiré, qui a appartenu, du commencement du XVIIIe siècle à la Révolution, à la maison de Champagné, a été acquis en 1798 par M. Bonneau, alors notaire à Château-Gontier, qui en 1810 a remplacé l'ancien manoir à tours, chapelle, douves et ponts-levis, par un château moderne. Le domaine appartient actuellement à Madame du Mas.

THORIGNÉ, commune de 556 habitants, à 2 kilomètres et sur la rive gauche de la Mayenne, 49 mètres d'altitude, 14 kilomètres de Châteauneuf, et 18 de Segré.

L'église (Saint-Martin-de-Vertou) de fon-

dation antique, fut donnée au xı° siècle, par
l'évêque Rainaud, à l'abbaye de Saint-Serge
d'Angers qui y établit un prieuré, qualifié de
châtellenie au xvı° siècle. L'édifice, surex-
haussé sur un double palier de quinze marches, n'offre qu'un très médiocre intérêt.
Son unique nef se termine par un arceau
ogival à la base duquel sont les petits autels.
Au fond du chœur, qu'éclaire une fenêtre
plein-cintre du xı° siècle, s'applique un autel
du xvıı° siècle. Le pignon de la façade a été
refait en style du xııı° siècle.

Près de l'église est la fontaine de Saint-
Martin, dont les eaux, d'après la légende,
auraient la propriété de guérir de la teigne,
et qui, à ce titre, fut l'objet d'un pélérinage
suivi pendant de longues années. En 1880,
l'administration municipale l'a transformée
en lavoir public.

Le fief seigneurial était à *Chauvon* qui
appartint au xv° siècle à la famille Turpin
de Crissé, et pendant les xvıı° et xvıı° siècles à la famille Louet. Le domaine passa
en 1780 à la famille Ayrault, qui le possède
encore.

Thorigné a vu naître M. Boreau de la Bes-

nardière, riche manufacturier, qui fit construire à Angers la levée et l'hôtel qui portent
son nom. Il mourut à Angers en 1783, âgé
de 50 ans seulement.

TABLE DES MATIÈRES

— 173 —

ANGERS. — IMP. A. BURDIN ET Cⁱᵉ, RUE GARNIER, 4.

ANGERS, IMPRIMERIE A. BURDIN ET Cie, RUE GARNIER, 4.

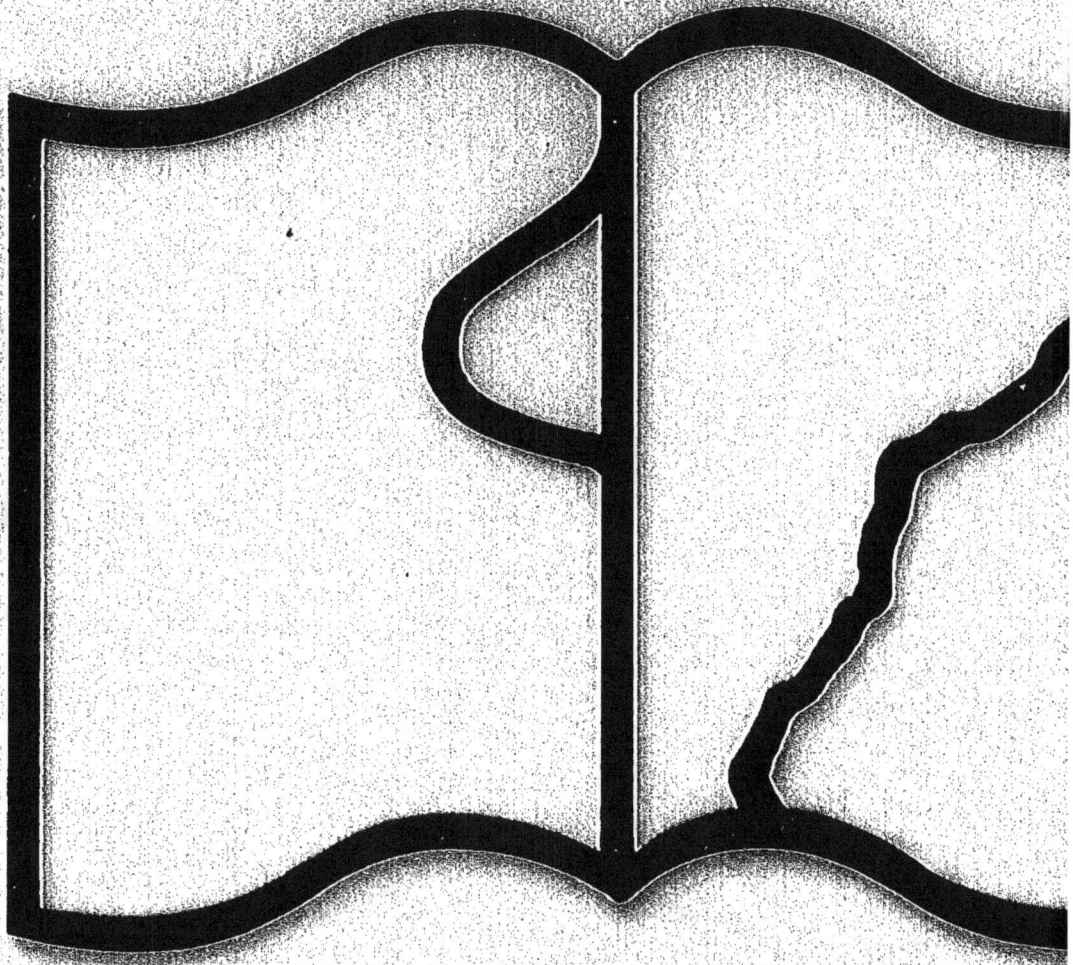

Texte détérioré — reliure défectueuse

NF Z 43-120-11

Contraste insuffisant